Deutschstunden 6
Arbeitsheft • Neue Ausgabe

Rechtschreibung und Grammatik

Herausgegeben von Harald Frommer, Hans Jürgen Heringer, Theo Herold und Ulrich Müller
Bearbeitet von Ute Mühlbradt und Hans Jürgen Heringer

Inhalt

Du kannst dieses Arbeitsheft auch in der Freiarbeit nutzen.
Deine Arbeitsergebnisse überprüfst du dann selbstständig mit dem Lösungsheft.

Schreibend üben

Abschreibübungen helfen dabei, sich das Schriftbild eines Wortes einzuprägen.

1. Präge dir jeweils eines der folgenden Wörter bzw. eine Wortgruppe genau ein. Decke sie ab und schreibe das Wort bzw. die Wortgruppe aus dem Gedächtnis auf.

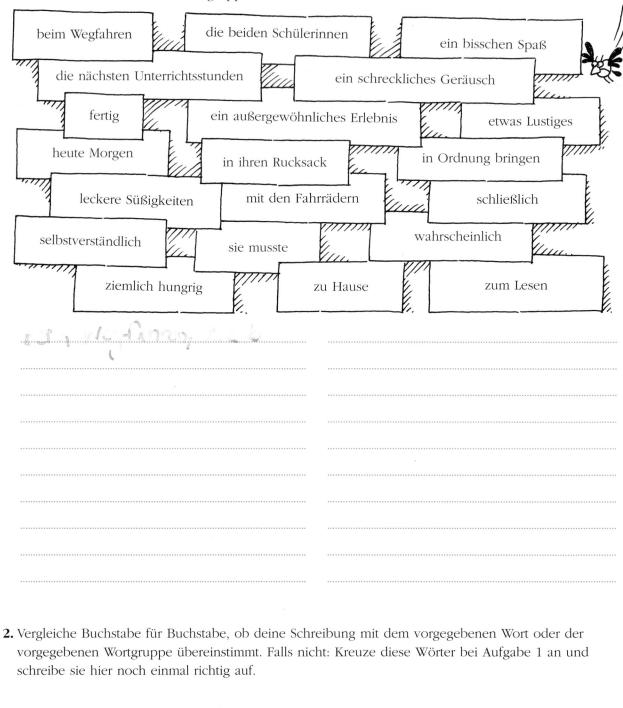

beim Wegfahren

die beiden Schülerinnen

ein bisschen Spaß

die nächsten Unterrichtsstunden

ein schreckliches Geräusch

fertig

ein außergewöhnliches Erlebnis

etwas Lustiges

heute Morgen

in ihren Rucksack

in Ordnung bringen

leckere Süßigkeiten

mit den Fahrrädern

schließlich

selbstverständlich

sie musste

wahrscheinlich

ziemlich hungrig

zu Hause

zum Lesen

2. Vergleiche Buchstabe für Buchstabe, ob deine Schreibung mit dem vorgegebenen Wort oder der vorgegebenen Wortgruppe übereinstimmt. Falls nicht: Kreuze diese Wörter bei Aufgabe 1 an und schreibe sie hier noch einmal richtig auf.

Schreibend üben

3. Lies den folgenden Text sorgfältig durch.

Ein außergewöhnliches Erlebnis

105 Wörter

Steffi und Tina hatten | heute Morgen verabredet | mit den Fahrrädern |
zum Badesee zu fahren. | Tina holte Steffi | zu Hause ab. |
Aber Steffi war | noch nicht fertig. | Sie musste erst noch |
ihre Sachen | für die nächsten Unterrichtsstunden | in Ordnung
bringen. | Dann packte sie | etwas Lustiges | zum Lesen |
und selbstverständlich | einige leckere Süßigkeiten | in ihren
Rucksack. | Steffi war nämlich | immer ziemlich hungrig. |
Schließlich war sie fertig. | Beim Wegfahren | hörten die beiden
Schülerinnen | ein schreckliches Geräusch. | Sie stiegen von
ihren Rädern | und sahen die Bescherung. | Steffis Bruder Benni |
hatte wahrscheinlich | ein bisschen Spaß | machen wollen |
und leere Blechdosen | mit einer Schnur | an ihre Fahrräder gebunden. |

4. Nun schreibe den Text ab, und zwar Schritt für Schritt:
– Präge dir eine Wortgruppe bis zum senkrechten Strich genau ein.
– Decke die Wortgruppe ab und schreibe sie aus dem Gedächtnis auf.

Korrektur:

Steffi und Tina hatten, heute morgen
verabredet mit den Fahrrädern
zum Badesee zu fahren. Tina holte
Steffi zuhause ab. Aber Steffi   zu Hause
war noch nicht fertig. Sie musste
erst noch ihre Sachen für die
nächsten Unterrichtsstunden in
Ordnung bringen. Dann packte
sie etwas Lustiges am lesen   Lesen
und selbstverständlich einige
leckere Süßigkeiten in ihren Rucksack. Steffi war nämlich immer
ziemlich hungrig. Schließlich waren
sie fertig. Beim Wegfahren hörten
die beiden ein schreckliches
Geräusch. Sie stiegen von ihren

5. Kontrolliere deine Schreibung Buchstabe für Buchstabe, Wort für Wort. Hast du einen Fehler entdeckt,
dann unterstreiche das Wort und schreibe es in der Spalte „Korrektur" richtig auf.

Karteikarten für Übungs- und Lernwörter

Für Übungs- und Lernwörter solltest du Karteikarten für eine Rechtschreibwörter-Kartei anlegen.
Als erstes notierst du das Grund- oder Modellwort, schließlich Wortverwandte und Wortgruppen.

1. Hier sind die Wörter von vier Wortfamilien durcheinandergeraten. Ordne sie nach ihren Familien.

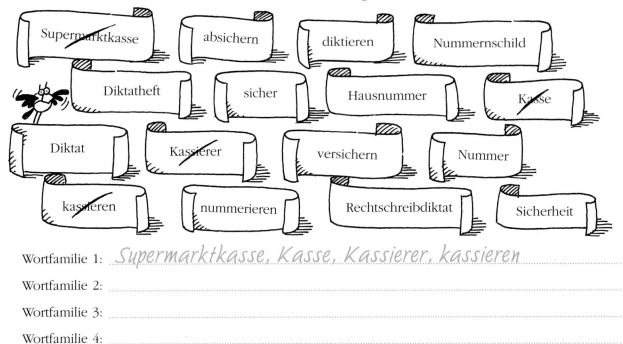

Wortfamilie 1: *Supermarktkasse, Kasse, Kassierer, kassieren*

Wortfamilie 2: _____

Wortfamilie 3: _____

Wortfamilie 4: _____

2. Wie sehen die Rechtschreibkärtchen aus, die du für die Wörter anlegst?
Welches Wort einer Familie schreibst du in die erste Zeile?

Kasse
kassieren
Kassierer
Supermarktkasse
Kassenzettel

3. Notiere auf den Karteikarten von Aufgabe 2 einen weiteren Wortverwandten
oder eine weitere Wortgruppe.

Karteikarten für Übungs- und Lernwörter

4. Welche Wörter stehen bei der Aufgabe 5 auf S. 3 in der Spalte „Korrektur"? Notiere jedes dieser Wörter auf einer der Karteikarten. (Sollten die acht Karteikärtchen auf dieser Seite nicht reichen, dann notiere die übrigen Wörter auf einem besonderen Blatt.)
Versuche mit Hilfe eines Wörterbuchs zwei Wortverwandte oder zwei Wortgruppen zu notieren.

Wortbausteine für Zusammensetzungen

Auf den Karteikärtchen deiner Wörterkartei hast du hin und wieder zusammengesetzte Wörter notiert. Solche Zusammensetzungen bildet man mit selbstständigen Wortbausteinen. Der letzte Bestandteil ist das Grundwort. Es bestimmt die Wortart und entscheidet, ob die Zusammensetzung groß- oder kleingeschrieben wird, z.B.:

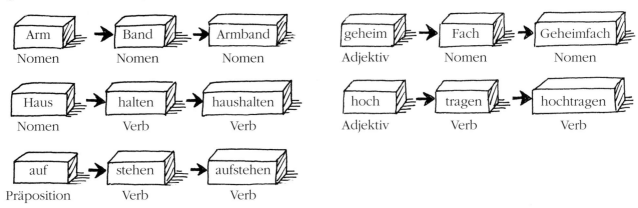

Arm → Band → Armband	geheim → Fach → Geheimfach
Nomen Nomen Nomen	Adjektiv Nomen Nomen
Haus → halten → haushalten	hoch → tragen → hochtragen
Nomen Verb Verb	Adjektiv Verb Verb
auf → stehen → aufstehen	
Präposition Verb Verb	

1. Schreibe zu den vorgegebenen Grundwörtern die passenden Bestimmungswörter auf.

Bestimmungswörter:
auf – Dampf – Garten – Haus – hoch – hoch – Meister – Plastik
Preis – Schiff – Stand – tief – vor – wahr

Nomen:	+	Nomen:	→	Nomen:
Garten		*Zwerg*		*Gartenzwerg*
		Eimer		

Nomen:	+	Nomen:	+	Nomen:	→	Nomen:
				Wohnung		
				Fahrt		

Adjektiv:	+	Nomen:	→	Nomen:
		Haus		
		Garage		

Nomen:	+	Verb:	→	Verb:
		geben		
		halten		

Adjektiv:	+	Verb:	→	Verb:
		sägen		
		rechnen		

Präposition:	+	Verb:	→	Verb:
		spielen		
		geben		

Wortbausteine für Ableitungen

Zu den Wortverwandten, die du auf deinen Karteikärtchen notiert hast, gehören oft auch von einem Grundwort oder Wortstamm abgeleitete Wörter. Solche Ableitungen kann man mit unselbstständigen Wortbausteinen bilden. Präfixe wie *be-*, *zer-* und Suffixe wie *-heit*, *-ung* schreibt man immer gleich.

ver-	→	stehen	→	verstehen		geheim	→	-nis	→	Geheimnis
Präfix	+	Verb	→	Verb		Adjektiv	+	Suffix	→	Nomen

1. Notiere zu den Präfixen passende Verben und schreibe mit den neuen Verben jeweils einen kurzen Satz auf.

be- *begreifen:* _____

ent- _____

er- _____

um- _____

ver- _____

zer- _____

2. Welche Nomen kannst du mit den Suffix-Bausteinen *-heit*, *-keit*, *-nis*, *-schaft*, *-tum*, *-ung* und den vorgegebenen Wörtern bilden? Schreibe sie mit Artikel auf.

krank *die Krankheit* _____   einig _____

rechn(en) _____   Kaiser _____

ereign(en) _____   verwandt _____

Kind _____   reich _____

Freund _____   zeug(en) _____

traurig _____   Meister _____

3. Aus welchen Wortbausteinen bestehen die folgenden Wörter? Kennzeichne sie wie im vorgegebenen Beispiel.

Ver	teil	ung
↑	↑	↑
Präfix	*Stamm*	*Suffix*

Erlebnis   Ermahnung
Präfix Stamm Suffix _____

Erzeugnis   Entscheidung   Zerlegung

_____

Aufteilung   Unterhaltung   Anregung

_____

Wortbausteine für Zusammensetzungen und Ableitungen

4. Welche Wörter sind miteinander verwandt? Ordne sie auf den Karteikarten zu sechs Wortfamilien mit jeweils vier Wörtern.

auffahren – bekennen – Bekenntnis – bestellen – bestimmen – bestimmt
Bestimmung – entreißen – Fahrrad – Fahrradweg – feststellen – hereinspazieren
kennen – Kennzeichen – reißen – Reißverschluss – spazieren – Spaziergang
Spazierweg – Stellplatz – Stellung – verstimmen – verfahren – zerreißen

auffahren
Fahrrad
Fahrradweg
verfahren

5. Kennzeichne auf jeder Karteikarte den Wortstamm rot, Präfixe grün, Suffixe blau und die Bausteine einer Zusammensetzung violett.

6. Schreibe zwei Ableitungen und zwei Zusammensetzungen zu den Wortstämmen -DIEN- und -SCHLIEß- auf. Markiere die Wortbausteine wie bei Aufgabe 5 beschrieben.

-DIEN-

-SCHLIEß-

Wörter verlängern

Bei manchen Wörtern hört man – z. B. am Wortende – denselben Laut,
der aber mit unterschiedlichen Buchstaben geschrieben wird, z. B. **Wand**, **Elefant**.
Verlängere die Wörter und sprich sie deutlich aus: **Wände**, **Elefanten**.
Dann hörst du, was du schreiben musst.

1. Wie werden die folgenden Wörter am Ende geschrieben?
Schreibe Wortgruppen mit dem verlängerten Wort auf.
Zum Schluss schlägst du jedes Wort im Wörterbuch nach.
Falls du eines berichtigen musst, trage das Wort in der richtigen Schreibung unter „Korrektur" ein.

b oder p?	Verlängerung in Wortgruppen	Korrektur
gel*b*	*ein gelbes Auto*	
gro_		
plum_		
Ty_		

d oder t?	Verlängerung in Wortgruppen	Korrektur
Gol_		
Bro_		
No_		
Wal_		

g oder k?	Verlängerung in Wortgruppen	Korrektur
Dan_		
Flu_		
Ta_		
Ban_		

2. Schreibe mit je einem Wort, das am Wortende mit b, p, d, t, g, k geschrieben wird, einen Satz auf.

Wortverwandte suchen

Für den e-Laut schreibt man ä, wenn es einen Wortverwandten mit a gibt,
z. B. **Bäder** (Wortverwandter: Bad). Sonst schreibt man e.
Für den eu-Laut schreibt man äu, wenn es einen Wortverwandten mit au gibt,
z. B. **Fäule** (Wortverwandter: faul). Sonst schreibt man eu.

1. Wie werden die folgenden Wörter geschrieben: mit ä/Ä oder e/E? Prüfe zuerst, ob es einen
Wortverwandten mit a gibt, und schreibe dann die Wörter entsprechend dem vorgegebenen
Beispiel auf.

B lle – f llen – G nse – H lse – j hrlich – K lber – lter
b llen – F ll – G ld – h ll – P lz – Qu lle – schn ll

Wortverwandter mit a?	also:	Wortverwandter mit a?	also:
Ball	*Bälle*	*nein*	*bellen*

2. Wie werden die folgenden Wörter geschrieben: mit äu oder eu?
Prüfe zuerst, ob es einen Wortverwandten mit au gibt, und schreibe
dann die Wörter entsprechend dem vorgegebenen Beispiel auf.

br nen – H ser – h ten – K fer – l ten – R ber – Z ne
ber en – B le – B te – h len – h te – K le – s fzen

Wortverwandter mit au?	also:	Wortverwandter mit au?	also:
braun	*bräunen*	*nein*	*bereuen*

Ein Wörterbuch-Quiz

Wie heißt der Plural von *Globus?* Wie wird das Wort *aktiv* betont? Auf solche Fragen geben Wörterbücher Antwort. Und wenn man sich bei den Hinweisen zum Umgang mit seinem Wörterbuch auskennt, findet man auch rasch das Gesuchte.

1. Wie gut findest du dich in deinem Wörterbuch zurecht? Nimm es zur Hand und schreibe so schnell wie möglich die Antworten zu folgenden Quizfragen auf.
(Du kannst daraus auch ein Wettspiel mit deiner Banknachbarin oder deinem Banknachbarn machen: Wer ist am schnellsten? Dann müsst ihr aber das gleiche Wörterbuch benutzen.)

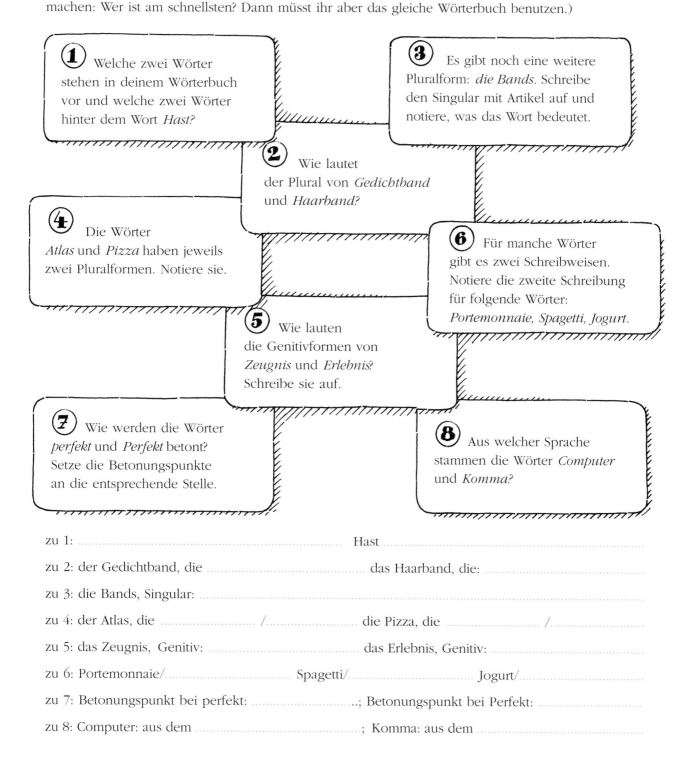

1 Welche zwei Wörter stehen in deinem Wörterbuch vor und welche zwei Wörter hinter dem Wort *Hast?*

2 Wie lautet der Plural von *Gedichtband* und *Haarband?*

3 Es gibt noch eine weitere Pluralform: *die Bands.* Schreibe den Singular mit Artikel auf und notiere, was das Wort bedeutet.

4 Die Wörter *Atlas* und *Pizza* haben jeweils zwei Pluralformen. Notiere sie.

5 Wie lauten die Genitivformen von *Zeugnis* und *Erlebnis?* Schreibe sie auf.

6 Für manche Wörter gibt es zwei Schreibweisen. Notiere die zweite Schreibung für folgende Wörter: *Portemonnaie, Spagetti, Jogurt.*

7 Wie werden die Wörter *perfekt* und *Perfekt* betont? Setze die Betonungspunkte an die entsprechende Stelle.

8 Aus welcher Sprache stammen die Wörter *Computer* und *Komma?*

zu 1: .... Hast ....

zu 2: der Gedichtband, die .... das Haarband, die: ....

zu 3: die Bands, Singular: ....

zu 4: der Atlas, die .... / .... die Pizza, die .... / ....

zu 5: das Zeugnis, Genitiv: .... das Erlebnis, Genitiv: ....

zu 6: Portemonnaie/........................ Spagetti/........................ Jogurt/........................

zu 7: Betonungspunkt bei perfekt: ....; Betonungspunkt bei Perfekt: ....

zu 8: Computer: aus dem ....; Komma: aus dem ....

Wörter und ihre Bedeutung

In vielen Wörterbüchern erfahren wir auch etwas über die Bedeutung von Wörtern. Bei Fremdwörtern helfen vor allem Fremdwörterlexika weiter.

1. In dem folgenden Zeitungstext sind einige Wörter unterstrichen. Kläre mit Hilfe eines Wörterbuchs oder eines Fremdwörterlexikons, was sie bedeuten.

Spielwarenmesse eröffnet

Das Angebot auf der Spielwarenmesse in Nürnberg spiegelt unser Zeitalter wider. Weniger komplizierte Dinge wie Bauklötze oder Hampelmänner aus Holz sind rar. Modernes Spielzeug gibt Geräusche von sich und ist optisch im Trend der Zeit gestylt.

Viele reden vom Holzspielzeug und kaufen dann doch einen Computer für ihre Kinder. Zwar entwickelt sich der Markt für Holzspielzeug positiv, aber immer mehr Käufer akzeptieren Spielzeug, das nur mit Anschluss an die Steckdose funktioniert.

kompliziert: *schwierig, umständlich, nicht einfach*

rar:

modern:

optisch:

Trend:

gestylt:

Computer:

positiv:

akzeptieren:

funktionieren:

2. Schreibe den Text so um, dass er weniger Fremdwörter enthält.

Schreibweisen langer Vokale

Lange Vokale können durch den einfachen Buchstaben wiedergegeben werden,
z. B. *malen*, *leben*, *Tor*, *rufen*.
In vielen Wörtern muss man sie aber mit mehreren Buchstaben schreiben, z. B. *Mahl*, *Seele*, *biegen*.

1. Unterstreiche in dem folgenden Text alle Wörter, die einen lang gesprochenen Vokal enthalten.
Kennzeichne die langen Vokale mit einem Farbstift.

Anja und Axel im Zoo

Anja und Axel verbrachten einen Tag im Zoo. Ihnen begegneten Tiere, die sie
nur von Bildern kannten, z. B. Tiger, schwarzweiße Zebras und ihre Fohlen
sowie Kamele. Sie sahen aber auch Tiere, die nicht aus fernen Ländern kommen: Bergziegen und Hühner, Rehe und Schafe. Zwischendurch ruhten sie
sich an einem Kiosk aus. Dort konnte man Tee und Kaffee, aber auch kühle
Getränke bestellen. Anja und Axel erfrischten sich mit einer Limonade.

2. Nun trage die Wörter von Aufgabe 1 in die Tabelle ein.

Wir hören einen langen Vokal. Wir schreiben:

den einfachen Buchstaben	den verdoppelten Buchstaben	den einfachen Buchstaben und h	die Buchstaben ie
	Zoo		

3. Ergänze die Tabelle mit eigenen Beispielen.
Überprüfe deine Schreibung mit Hilfe eines Wörterbuchs.

Langer Vokal – verdoppelter Buchstabe

In einigen Wörtern stehen für die langen Vokale a, e, o Doppel-a, Doppel-e, Doppel-o,
z. B. **der Staat**, **die Seele**, **das Boot**.
Die Vokale i und u werden nicht verdoppelt.

1. Die gesuchten Rätselwörter werden mit Doppel-a geschrieben. Notiere sie.

a) Wie lautet der Singular von „Säle"?   a) ....

b) Sie zeigt dein Gewicht an.   b) ....

c) In unseren Flüssen schlängelt sich kaum noch ein …   c) ....

d) Im Frühjahr streut der Bauer die …   d) ....

e) Auf dem Kopf wachsen …   e) ....

f) Zwei zusammengehörige Schuhe sind ein …   f) ....

2. Was passt zusammen? Schreibe zusammengesetzte Wörter auf.

Kleeblatt, ...

....

....

....

....

....

....

3. Schreibe zusammengesetzte Wörter auf, in denen die folgenden Wörter mit Doppel-e der zweite Teil der Zusammensetzung sind.

Beere – Beet – Fee – Kaffee – Tee

Erdbeere, ...

....

4. Es gibt nur fünf Wörter, die mit Doppel-o geschrieben werden.
Die Umschreibungen helfen dir, sie zu finden.

Wasserfahrzeug ....   Bodenpflanze ....

Tierpark ....   dumm ....   Sumpf ....

Lange Vokale mit Dehnungs-h vor l, m, n, r

Ein langer Vokal kann durch das Dehnungszeichen h gekennzeichnet werden. Das Dehnungs-h in einem Wortstamm wird in allen stammverwandten Wörtern beibehalten, wenn der Vokal lang bleibt. Das Dehnungs-h steht häufig vor l, m, n, r, z. B. **Fehler**, **nehmen**, **Lohn**, **fahren**.

1. Ordne die folgenden Wörter in die Tabelle ein.

Befehl	Stahl	Ruhm	ohne	Lehm	Fuhre
Fahne	bezahlen	Uhren	Sohle	Ohren	Lehne
Gefahr	fahren	bohren	Zahn	Sohn	Rahmen
lehren	Huhn	fehlen	Dehnung	Zahl	Stuhl
Rohr	nehmen	Kuhle	Fohlen	ehren	zahm

a und hl, hm, hn, hr	e und hl, hm, hn, hr	o und hl, hn, hr	u und hl, hm, hn, hr
	Befehl,		

2. Zu einigen Wörtern von Aufgabe 1 gibt es Wortverwandte mit Umlaut. Notiere jeweils ein Beispiel.

Fahne *Fähnchen*   Ruhm ....

Gefahr ....   Sohn ....

Rohr ....   Zahl ....

fahren ....   Stuhl ....

Huhn ....   zahm ....

3. Das Dehnungs-h bleibt auch erhalten, wenn der Vokal des Wortstamms abgeändert wird, aber lang bleibt. Fülle die Tabelle aus. Markiere den abgeänderten Vokal und das Dehnungs-h wie im vorgegebenen Beispiel.

Infinitiv	Präsens	Präteritum	Perfekt
befehlen	*er befiehlt*	*er befahl*	*er hat befohlen*
stehlen			
fahren			

Lange Vokale ohne Dehnungs-h vor l, m, n, r

Nicht immer steht zwischen einem langen Vokal und l, m, n, r ein Dehnungs-h,
z. B. **Qual**, **Gram**, **getan, Tor.**

1. Der folgende Text enthält sechs Verben und sechs Nomen mit langem Vokal
ohne Dehnungs-h vor l, m, n und r. Unterstreiche diese Wörter.

Gewonnen!

Sieger im Handball: die 6 c! Als hätten sie es geplant, klettern die Fans nach dem
Abpfiff über die Schnur, mit der man die Zuschauerplätze abgetrennt hat. Alle
strömen auf Katja zu, die Torhüterin. Sie hatte fast jeden Ball gehalten. Alle
spüren, dass die Gegnerinnen verzweifelt sind. Zwei Tore hätten ihnen zum Sieg gereicht. Und Katja?
Wie oft hatte sie sich in den Übungsstunden quälen müssen! Doch jetzt verspüren sie und ihre
Mannschaft Erleichterung. In aller Ruhe kann Katja ihre Sportschuhe aufschnüren. Der Strom ihrer
jubelnden Fans lässt sie jede Qual vergessen. Und schon schmieden sie Pläne für die Siegesfeier.

2. Ordne die zwölf unterstrichenen Wörter zu sechs Wortfamilien und notiere weitere Wortverwandte.
(Nimm ein Wörterbuch zu Hilfe.)

Wortfamilie 1: ....

Wortfamilie 2: ....

Wortfamilie 3: ....

Wortfamilie 4: ....

Wortfamilie 5: ....

Wortfamilie 6: ....

3. Schreibe mit drei Verben, die du bei Aufgabe 2 notiert hast, jeweils einen Satz auf.

....

....

....

4. Einmal mit und einmal ohne Dehnungs-h! Hier kommt es auf die Bedeutung an.
Schreibe mit den folgenden Wörtern Sätze auf.

Zuname: ....

Zunahme: ....

malen: ....

mahlen: ....

Ohne Dehnungs-h: ur-, -bar, -sal, -sam, -tum

Das Präfix Ur-/ur- und die Suffixe *-bar, -sal, -sam, -tum* werden ohne Dehnungs-h geschrieben, z. B. **Uroma**, **teilbar**.

1. Was passt zusammen? Schreibe die Wörter auf. Beachte die Groß- und Kleinschreibung.

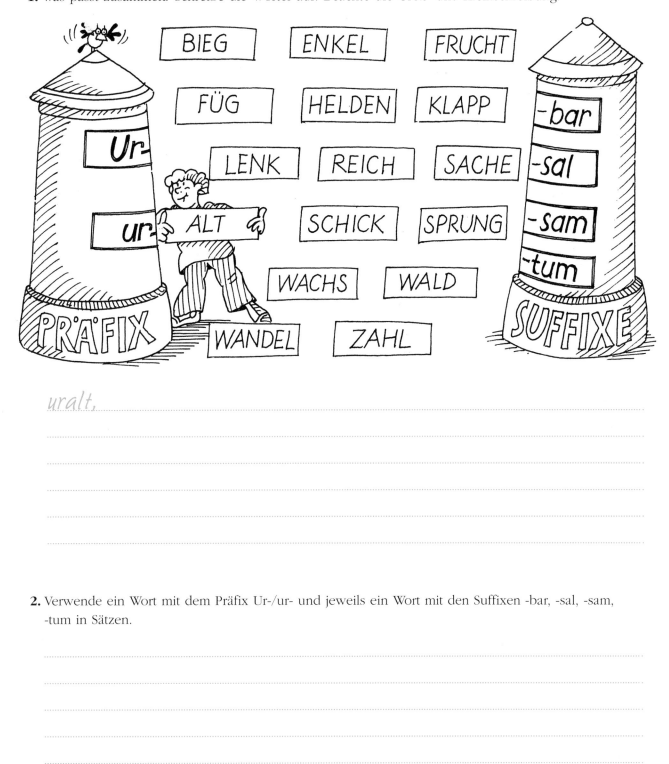

uralt,

2. Verwende ein Wort mit dem Präfix Ur-/ur- und jeweils ein Wort mit den Suffixen -bar, -sal, -sam, -tum in Sätzen.

Wörter mit langem i

Das lange i wird sehr häufig durch ie wiedergegeben, z. B. **Fieber**, **nie**.
In einigen Wörtern schreibt man es
– mit ieh, z. B. **Vieh**, es **zieht**;
– mit ih, z. B. **ihr**, **ihm**;
– mit einfachem i, z. B. **dir**, **wir**, **Biber**.

1. Wie lautet das Präteritum zu folgenden Verben?

Infinitiv	Präteritum	Infinitiv	Präteritum
fallen	ich *fiel*	braten	sie
blasen	wir	halten	ihr
bleiben	du	lassen	er
laufen	es	meiden	ich
preisen	sie	raten	wir
scheiden	ihr	rufen	du
reiben	er	schlafen	es
schreiben	ich	schreien	sie
schweigen	wir	stoßen	ihr

2. Wie lautet der Infinitiv zu folgenden Präteritum-Formen?

Präteritum	Infinitiv	Präteritum	Infinitiv
er bot	*bieten*	ich floh	
sie lag		er kroch	
wir froren		sie bogen	
du flogst		es schoss	
ihr verlort		sie wogen	
ich schloss		es zog	
es floss		sie schob	

3. Setze die Formen des Präsens und des Präteritums ein. Unterstreiche jeweils den abgeänderten Vokal und das „h" wie im vorgegebenen Beispiel.

gedeihen: Die Blume *gedeiht* gut. Die Blume *gedieh* gut.

leihen: Sie _____ mir das Buch. Sie _____ mir das Buch.

stehlen: Er _____ ihm die Zeit. Er _____ ihm die Zeit.

Wörter mit langem i

4. Löse das folgende Kreuzworträtsel.

waagerecht

2 das erste Lesebuch in der Grundschule
6 Gewinner
9 Nehmen Sie das Buch, ich schenke es ...
10 In einem Chor singt man ...
11 Auf einer ... wachsen Gänseblümchen.
12 Menschen, die stehlen, sind ...
13 Züge fahren auf ...
14 hat sieben Häute, beißt alle Leute
15 Märchengestalt; sehr großer Mensch
16 Auf einer Waage kann man etwas aus...

senkrecht

1 große, gestreifte Raubkatze
3 sehr kleine Steine
4 erneut, noch einmal
5 Infinitiv von (er) floh
6 76 + 18 − 54 − 33 = ?
7 Insekt, das Honig liefert
8 nicht Krieg, sondern ...
10 Gegenteil von „hassen"
11 Wer sehr schnell ist, ist flink wie ein ...

5. Schreibe mit den Nomen, die du bei Aufgabe 4 notiert hast, Wortgruppen auf.

eine bunte Fibel,

wieder oder wider?

Ob man *wieder* oder *wider* schreibt, hängt von der Bedeutung ab:
– **wieder** heißt: noch einmal, erneut,
– **wider** heißt: gegen, dagegen, entgegen.

1. Nimm ein Wörterbuch zur Hand und schreibe zusammengesetzte Wörter auf: zehn mit WIEDER und zehn mit WIDER (Nomen, Verben, Adjektive). Beachte die Groß- und Kleinschreibung.

WIEDER-	WIDER-
Wiederholung,	Widerrede,

2. Schreibe mit zwei WIEDER- und mit zwei WIDER-Wörtern von Aufgabe 1 jeweils einen kurzen Satz.

3. Setze ein: WIEDER- oder WIDER-? Beachte die Groß- und Kleinschreibung.

Küchendienst

Ein ....licher Geruch drang aus der Küche. Ob Jens das ....sehen mit seinem

Freund Stefan ausgerechnet mit verbrannten Pfannkuchen feiern will? Lisa öffnet die Tür und

schimpft: „Jens, warte doch, bis Mutter ....kommt. Sie hat dir doch ....holt gesagt,

dass du nicht mit heißem Öl hantieren sollst. Musst du denn immer so ....borstig sein?"

„Und ich ....hole: erst denken, dann reden. Ich muss dir nämlich ....sprechen.

Der ....wärtige Geruch stammt nicht von verbranntem Öl.

Wir haben den Chemiekasten aus deinem Zimmer

geholt und konnten nicht ....stehen.

Das war unser erstes Experiment."

Nach langem Vokal im Wortinnern: s oder ß?

Wird der s-Laut im Wortinnern nach langem Vokal/Diphthong stimmhaft gesprochen, schreibt man s, z. B. **Hose**, **heiser**.
Wird der s-Laut im Wortinnern nach langem Vokal/Diphthong stimmlos gesprochen, schreibt man ß, z. B. **Soße**, **heißen**.

1. Löse das Silbenrätsel. (Benutzte Silben streichen!)

bei – bla – drau – gie – Kai – lei – Lo – rei – rei – Ro – se – se – se – ~~sen~~ –
sen – sen – ser – So – Stra – ße – ße – ßen – ßen – ßen – ßen – ~~wei~~

a) Hinweisschilder … uns den Weg	a) *weisen*
b) Hunde, die bellen, … nicht.	b)
c) einen Luftballon auf…	c)
d) nicht drinnen, sondern …	d)
e) viele Pflanzen muss man täglich …	e)
f) Märchen: Des …s neue Kleider	f)
g) nicht laut, sondern …	g)
h) darunter sind viele Nieten	h)
i) eine Fahrt machen, ver…	i)
j) ein Blatt in viele Stücke zer…	j)
k) dornenreiche Blume	k)
l) Tunke, Stippe	l)
m) breiter als ein Weg oder eine Gasse	m)

2. Trage deine Lösungswörter in die Tabelle ein.

Wir hören nach langem Vokal/Diphthong im Wortinnern einen stimmhaften s-Laut. Wir schreiben: s	Wir hören nach langem Vokal/Diphthong im Wortinnern einen stimmlosen s-Laut. Wir schreiben: ß
weisen,	

3. Ergänze die Tabelle mit weiteren Wörtern. Nimm dabei ein Wörterbuch zu Hilfe.

Nach langem Vokal am Wortende und vor Konsonant: s oder ß?

Nach langem Vokal am Wortende und vor Konsonant: s oder ß? Hier hilft die Verlängerungsprobe:
– Ist der s-Laut in der Verlängerung stimmhaft, schreibt man s,
   z. B. **die Lose** – also **das Los**, **verlosen** – also **sie verlost**.
– Ist der s-Laut in der Verlängerung stimmlos, schreibt man ß,
   z. B. **die Grüße** – also **der Gruß**, **grüßen** – also **sie grüßt**.

1. s oder ß am Wortende nach langem Vokal/Diphthong?
Schreibe verlängerte Wortformen auf und sprich die s-Laute deutlich aus.

	verlängerte Wortformen	s-Laut stimmlos	s-Laut stimmhaft	Schreibung
das Lo_?_	*die Lose, die Verlosung*		X	*das Los*
der Klo_?_	*die Klöße*	X		*der Kloß*
der Spa_?_				
er blie_?_				
sie la_?_				
der Sto_?_				
der Fu_?_				
das Ei_?_				

2. s oder ß vor Konsonant nach langem Vokal/Diphthong?
Schreibe zu den folgenden Verbformen die Infinitive auf und sprich die s-Laute deutlich aus.

	Infinitiv	s-Laut stimmlos	s-Laut stimmhaft	Schreibung
sie bei_?_t	*beißen*	X		*sie beißt*
er rei_?_te				
sie zerrei_?_t				
er brau_?_te				
sie hei_?_t				
er lö_?_te				
die Kuh gra_?_te				

Nach langem Vokal am Wortende
und vor Konsonant: s oder ß?

3. Notiere zu den Infinitiven die beiden anderen Wortformen der Verben wie im vorgegebenen Beispiel.

Infinitiv	bla|s|en
*blie	s*
gebla|s|en

Infinitiv	wei|s|en

Infinitiv	le|s|en

Infinitiv	prei|s|en

4. Wie lauten die Infinitive zu den vorgegebenen Verbformen?
Trage sie wie im vorgegebenen Beispiel in die Tabelle ein.

Infinitiv	andere Formen des Verbs
schließen	schloss, geschlossen
	goss, gegossen
	schoss, geschossen
	floss, geflossen
	biss, gebissen
	riss, gerissen

5. Notiere zu den Verben von Aufgabe 4 die Präsensform der 3. Person Singular.
Schreibe damit Sätze auf.

er schließt:

Ein kurzer Vokal – was kann folgen?

Nach einem kurzen betonten Vokal schreibt man meist zwei Konsonanten:
zwei verschiedene, z. B. **Sand**, **Fest**, **lenken**,
oder einen verdoppelten, z. B. **fallen**, **Mitte**, **Zimmer**.
In kurzen Wörtern schreibt man oft nur einen einzigen Konsonanten, z. B. **ab**, **mit**, **zum**.

1. Unterstreiche in dem folgenden Gedicht die Wörter mit betontem kurzem Vokal.

Irrtümer

Eine rosarote Katze,
Eine himmelblaue Maus
Treffen sich am Antonplatze
Und erkennen sich durchaus.

5 Und die Maus will sich verstecken,
Und dann sagt sie: Keine Not,
Nie sah ich das Maul sich lecken
Eine Katze rosenrot.

Und die Katze nahet leise,
10 Bleckt den Zahn und steilt den Bart,
Bis sie ihrer Mittagsspeise
Sonderbares Fell gewahrt.

Und sie lässt die Maus am Leben
Wiederum auf Grund des Blaus,
15 Und sie spricht: Das kann's nicht geben,
Eine himmelblaue Maus.

Und sie wandeln von dem Platze
Ohne Zwischenfall nach Haus,
Rechts, nach Weißensee, die Katze,
20 Links, nach Lichtenberg, die Maus.
Peter Hacks

2. Welche der von dir unterstrichenen Wörter enthalten die in den beiden Tabellen aufgeführten Doppelkonsonanten und Konsonantengruppen? Trage die Wörter ein.
Fülle die Tabellen mit weiteren Beispielen. Nimm ein Wörterbuch zu Hilfe.

betonter kurzer Vokal und Doppelkonsonant					
ff	ll	mm	nn	ss	tt

betonter kurzer Vokal und Konsonantengruppe				
ck	tz	nd	nk	rt

Ein kurzer Vokal – was kann folgen?

3. In der Wörterschlange sind 24 Wörter versteckt
– mit Doppelkonsonant nach betontem kurzem Vokal,
– mit einer Konsonantengruppe nach betontem kurzem Vokal.
Rahme die Wörter ein.

WXBANKTZDRECKFGHASTXQHECKELMHETZENVBKASSERAKASTENXWKISTETTKLAPPERNXA

RATTEYMMASSEÜMQPACKENUWRPASSENXZPLATZENCVQPUPPETRÄSCHLANGEGESCHLAPP

BALATTEÖFFESINGENTZCKSINKENPRÄPTATZETZCWANGETZTTWINKENTZBETTOTZ

4. Ordne die Wörter von Aufgabe 3 in normaler Groß- und Kleinschreibung ein.

Wörter mit pp	Wörter mit ss	Wörter mit tt	Wörter mit st

Wörter mit ck	Wörter mit tz	Wörter mit ng	Wörter mit nk
			Bank

In zusammengesetzten Wörtern können drei gleiche Buchstaben aufeinandertreffen (Konsonanten, Vokale), z. B. **Schrotttransport, Hawaiiinseln.**
Um solche Zusammensetzungen leichter lesbar zu machen, kann ein Bindestrich gesetzt werden, z. B. **Schrott-Transport, Hawaii-Inseln.**

1. Bilde zu den Umschreibungen ein zusammengesetztes Wort.
Notiere es als Wortzusammensetzung und mit Bindestrich.

Fracht auf einem Schiff   *Schifffracht, Schiff-Fracht*

Plakat aus Pappe

Turnen um die Wette

Flasche mit Sauerstoff

Flicken aus Stoff

Ernte des Kaffees

Ei für den Tee

Wörter auf -as, -is, -us und -nis

Wörter, die auf *-as, -is, -us* enden, und Wörter mit dem Suffix *-nis* schreibt man am Wortende mit s. Bei Genitiv- und Pluralformen wird aus dem Schluss-s meistens ein ss.

1. Wie heißt des Rätsels Lösung? Die farbigen Kästchen (von oben nach unten gelesen) ergeben das Lösungswort: Es ist der Name der berühmten Athener Burganlage.

a) Nomen zu „bekennen"
b) Dort treten Artisten, Clowns und dressierte Tiere auf.
c) Verkehrsmittel
d) Nomen zu „ersparen"
e) Frühjahrsblume (beginnt mit Kro...)
f) Kartenwerk, brauchst du für den Erdkundeunterricht
g) Darin stehen am Schuljahresende deine Noten.
h) Frucht aus tropischen Ländern (gibt's scheibchenweise auch in Dosen)

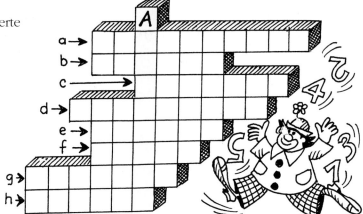

2. Schreibe zu den Nomen, die du bei der Aufgabe 1 erraten hast, den Genitiv Singular und den Plural auf (jeweils mit Artikel). Natürlich kannst du ein Wörterbuch zu Rate ziehen.

a) ....

b) ....

c) ....

d) ....

e) ....

f) ....

g) ....

h) ....

3. Schreibe mit den Genitivformen der Wörter *Globus, Iltis, Kürbis, Ergebnis, Geheimnis* und *Wagnis* kurze Sätze auf.

....

....

....

....

....

....

das oder dass?

das ist ein Artikel oder Relativpronomen und kann durch *ein, dieses, welches* oder *jenes* ersetzt werden, z. B.

Gib ihm das (ein) Buch, das (welches) du nicht mehr brauchst.

dass leitet einen Nebensatz ein und kann nicht ersetzt werden, z. B.

Ich vermute, dass (—) er morgen kommt.

1. Schreibe hinter jedes *das* in dem folgenden Brief ein entsprechendes Ersatzwort. Unterstreiche den Artikel *das* blau und das Relativpronomen *das* grün.

> Liebe Anna,
>
> zu deinem Geburtstag wünsche ich dir alles Liebe! Das .... Geschenk wird dir der Paketbote bringen.
>
> Hoffentlich ist es das .... Spiel, das .... du dir gewünscht hast. Das .... Buch, das .... auf deinem Wunschzettel stand, konnte ich leider nicht besorgen. Deshalb habe ich diesem Brief einen Geldschein beigelegt, damit du dir das .... Kinderbuch von Erich Kästner, das .... übrigens sehr spannend ist, selbst kaufen kannst.
>
> Viel Spaß auf der Geburtstagsfeier wünscht dir deine Tante Vera.

2. Denke dir zu jedem Hauptsatz einen mit dem Relativpronomen *das* eingeleiteten Relativsatz aus. Kennzeichne mit einem Pfeil, worauf es sich bezieht. (Vergiss die Kommas nicht.)

a) Heiner liest das Buch.
b) Hier ist dein Arbeitsblatt.
c) Es ist das Haus dort oben.
d) Steffi liebt das Kätzchen.
e) Das Pflänzchen entwickelt sich prächtig.
f) Das Mädchen hat sich entschuldigt.
g) Das Abteil war besetzt.
h) Das Gepäck war verschwunden.

a) Heiner liest das Buch, das ich ihm geschenkt habe.

das oder dass?

3. Schreibe die Hauptsatzpaare zu Satzgefügen mit der Konjunktion *dass* um.

- a) Monika wird ihm einen Streich spielen. Peter befürchtet es.
- b) Das Buch liegt auf dem Tisch. Ich vermute es.
- c) Der Gesuchte trug ein rotes Hemd. Karin behauptet es.
- d) Das Wetter wird umschlagen. Opa spürt es.
- e) Die Klasse wurde unruhig. Frau Berger bemerkte es.
- f) Das schwarze Hündchen hinkte. Olli sah es.
- g) Das Spiel hatte sie verloren. Tina wusste es.
- h) Das Geheimnis wird sie hüten. Katrin versprach es.

a) Peter befürchtet, dass Monika ihm einen Streich spielen wird.

4. Schreibe zu den folgenden Sätzen und Satzanfängen einen passenden Relativsatz oder einen mit *dass* eingeleiteten Nebensatz auf.

Vater verkauft das Haus, *das er von unserer Oma geerbt hat.*

Er vermutet,

Tina verleiht das Spiel,

Jan vermisst das Kätzchen,

Hendrik glaubt,

Michael spürt,

Ich kenne das Kind,

Ina hofft,

Mutter sucht das Portmonee,

5. Unterstreiche bei Aufgabe 4 den Artikel *das* blau, das Relativpronomen *das* grün, die Konjunktion *dass* rot.

6. Kennzeichne mit einem Pfeil, worauf sich in den Sätzen von Aufgabe 4 das Relativpronomen *das* bezieht.

das oder dass?

7. Prüfe zunächst, welche Ersatzwörter eingefügt werden könnten, und setze dann *das* oder *dass* ein.

Hier ist das Gedicht, ... ich gestern vortragen musste.

Sie vermutet, ... die Kinder sie benachrichtigen werden.

Corinna erinnert sich, ... die gesuchte Person ein kariertes Hemd trug.

Fürchtet er, ... Katja das Geheimnis verrät, ... er ihr anvertraut hat?

Dein Trainer weiß, ... du heute großartig gespielt hast.

Das Pferd, ... den Pokal gewann, ... wird nicht mehr starten.

Es freut mich für Großmutter, ... Peter morgen kommen will.

Sorgt Lisa dafür, ... das Tier, ... sie verschenkt hat, auch gut gepflegt wird?

.... dieses Unglück, ... so viele Menschen betraf, vergessen wird, glaube ich nicht.

Der Großvater hofft, ... Corinna einen Schal mitgenommen hat.

Beim Mittagessen rühmt sich Anna, ... sie Jens einen Streich gespielt hat.

.... ihr dieses Schiff für die Überfahrt ausgesucht habt, war eine gute Idee.

.... du unsere Verabredung vergessen hast, dachte ich mir.

8. Kennzeichne bei Aufgabe 7 die von dir eingesetzten Wörter wie bei Aufgabe 5 beschrieben.

9. Schreibe einen kleinen Text zu der Überschrift „Dass das erlaubt ist!" Verwende möglichst oft *das* und *dass*.

....

....

....

....

....

....

....

....

....

....

....

....

Regeln zur Großschreibung

Ob man ein Wort groß- oder kleinschreibt, kann man nicht hören.

Hier helfen Regeln. Einige Regeln kennst du schon aus der Grundschule und aus dem letzten Schuljahr:

1 Am Anfang eines Satzes schreibt man groß.

2 Den Beginn der wörtlichen Rede schreibt man groß.

3 Eigennamen schreibt man groß.

4 Nomen schreibt man groß.

5 Zwei Nomen kann man zu einem neuen zusammensetzen. Dann schreibt man nur den Anfang groß.

1. Nach welcher Regel werden die unterstrichenen Wörter in den folgenden Sätzen großgeschrieben? Notiere jeweils die Nummer der Regel und schreibe noch einen Beispielsatz auf.

	Regel Nr.:	Weiteres Beispiel:
Mein Vetter wohnt in <u>Essen</u>.	*3*	*Er heißt Steffen.*
Liebe Susi! <u>Wann</u> kommst du?		
Gib mir den <u>Blumentopf</u>!		
Diese <u>Reifen</u> sind aus Hartgummi.		
Jens fängt <u>Fliegen</u>.		
„Geh bitte ins <u>Lehrerzimmer</u>!"		
Das ist der <u>Rhein</u>.		
<u>Lieber</u> Max! Hast du dich gefreut?		
Mein Hund heißt <u>Möpschen</u>.		
„Zieh deine <u>Hausschuhe</u> an!"		
Warum isst du keinen <u>Braten</u>?		
„<u>Kommst</u> du heute?"		
„<u>Wer</u>", fragt er, „kommt heute?"		
Heute fahren wir nach <u>Italien</u>.		
„<u>Wem</u> gehört das Buch?"		
Er lief über den <u>Rasen</u>.		
Sie ist kein <u>Angsthase</u>.		

6 Wörter, die auf *-heit, -keit, -nis, -schaft, -tum, -ung* enden, sind Nomen. Und Nomen schreibt man natürlich groß.

7 Als Nomen gebrauchte Wörter schreibt man groß. Nomen und als Nomen gebrauchte Wörter werden oft durch einen Begleiter angekündigt.

8 Die höflichen Anredepronomen *Sie* und *Ihr* (in allen Formen) schreibt man groß.

2. Nach welcher der Regeln 6 bis 8 werden die unterstrichenen Wörter in den folgenden Sätzen großgeschrieben? Notiere jeweils die Regelnummer und schreibe einen weiteren Beispielsatz auf.

	Regel Nr.:	Weiteres Beispiel:
Darf ich <u>Ihnen</u> die Schuhe einpacken?		
Sie befahl: „Kommen <u>Sie</u> endlich!"		
Beim <u>Braten</u> des Fleisches aufpassen!		
Er gehört zur <u>Verwandtschaft</u>.		
„Sie brauchen eine <u>Erlaubnis</u>!"		
Dieses <u>Rasen</u> sollte verboten werden!		
Während des <u>Reifens</u> wächst die Frucht.		
Er ging in die falsche <u>Richtung</u>.		
Das ist eine große <u>Gemeinheit</u>!		
Hast du Angst vor dem <u>Fliegen</u>?		

3. Groß oder klein? Setze die eingeklammerten Wörter in der richtigen Schreibweise ein.

Das .... (BETRETEN) ist verboten!

Die .... (HAUSORDNUNG) ist zu beachten.

Das .... (TRAINING) wird verschoben.

Der .... (PLATZ) ist nicht bespielbar!

Wir .... (TRAINIEREN) heute nicht!

Zum .... (TRAINIEREN) bitte Turnschuhe anziehen!

Die Öffnungszeiten sind zu .... (BEACHTEN) !

Zum .... (TROCKNEN) den Kellerraum .... (NUTZEN) !

Wegen .... (KRANKHEIT) heute .... (GESCHLOSSEN) !

Abgeleitete Nomen

Die Suffixe *-heit, -keit, -nis, -schaft, -tum, -ung* zeigen Nomen an, z.B. **die Dummheit**, **das Ergebnis**.

1. Was passt zusammen? Schreibe die Nomen mit Artikel auf. (Benutzte Bausteine streichen.)

Verben und Adjektive

| faul | wahr | fröhlich | erlauben |

| finster | bekannt | brauchen | reich |

| richten | heiter | verwandt | schalten |

Suffixe

| -heit | -heit | -keit | -keit |

| -nis | -nis | -schaft | -schaft |

| -tum | -tum | -ung | -ung |

die Faulheit,

2. Schreibe drei Verben und drei Adjektive auf und bilde daraus Nomen. Notiere sie wie im vorgegebenen Beispiel mit Artikel.

Verb	Suffix	Nomen
schreib(en)	*-ung*	*die Schreibung*

Adjektiv	Suffix	Nomen
krank	*-heit*	*die Krankheit*

3. Suche dir bei den Aufgaben 1 und 2 vier Nomen aus und schreibe mit ihnen Sätze auf.

Nominalisierte Verben und Adjektive

Nomen und nominalisierte Verben und Adjektive schreibt man groß. Als Nomen verwendete Wörter werden oft durch Nomenbegleiter angekündigt: Artikel, Präposition, Adjektive, Zahladjektive und Pronomen, z. B. **das Singen**, **beim Singen**, **lautes Singen**, **manches Singen**, **dein Singen**.

1. Unterstreiche in den folgenden Sätzen die Nomen sowie die als Nomen gebrauchten Verben und Adjektive mit ihren Begleitern.

a) Das Programm hat viele Fehler, doch es gibt derzeit nichts Besseres.

b) Ich habe dein Klopfen nicht gehört.

c) Lautes Sprechen ist im Lesesaal nicht gestattet.

d) Alles Nachfragen war umsonst, man wusste nichts Genaues.

e) Die Glückliche hat den Pokal gewonnen.

f) Er riss beim Hinauslaufen die Lampe um.

g) Packe diesen Pullover ein, du brauchst ihn beim Wandern.

h) Leises Weinen war zu hören.

i) Das Lustigste waren die Versteckspiele im Freien.

j) Er bekam etwas Neues zum Spielen.

k) Mit Schmunzeln habe ich seine Nachricht gelesen.

l) Zum Geburtstag wünsche ich dir alles Gute und viel Schönes.

m) Vom Trainieren war er völlig erschöpft.

n) Sie hatten allerlei Wichtiges zu besprechen.

2. Trage die unterstrichenen Wortgruppen in die Tabelle ein.

Begleiter und Nomen	Begleiter und nominalisiertes Verb	Begleiter und nominalisiertes Adjektiv
das Programm		

Nominalisierte Verben und Adjektive

3. Ordne die Wörter, die ein Nomen ankündigen (S. 33, Aufgabe 2), nach Wortarten.

Artikel: *das* ....

Präposition: ....

Adjektiv: ....

Zahladjektiv: ....

Pronomen: ....

4. Suche dir aus jeder Spalte zwei Nomenbegleiter aus. Verbinde die Begleiter mit Verben und Adjektiven und schreibe die Wortgruppen auf.

Nomenbegleiter Artikel: ....

Nomenbegleiter Präposition: ....

Nomenbegleiter Adjektiv: ....

Nomenbegleiter Zahladjektiv: ....

Nomenbegleiter Pronomen: ....

5. Schreibe mit jedem der zehn nominalisierten Verben und Adjektive aus Aufgabe 4 einen Satz auf.

....

....

....

....

....

....

....

....

Nominalisierte Verben und Adjektive

6. Löse die zusammengesetzten Nomen in Wortgruppen mit nominalisierten Verben auf.

Ein Spielplatz *ist ein Platz zum Spielen.*

Ein Springseil *ist*

Eine Turnhalle

Eine Malfarbe

Eine Stricknadel

Ein Esslöffel

7. Verb oder nominalisiertes Verb? Setze die eingeklammerten Wörter in der richtigen Schreibweise ein.

a) Dieses *Strampeln* (STRAMPELN) durch die Berge war sehr mühsam.

b) Für die Prüfung .... (WÜNSCHEN) wir dir viel Glück.

c) Die Geschichte brachte die Kinder zum .... (KICHERN).

d) Sie erkannte ihren Großvater am .... (LACHEN).

e) Diese Frage haben wir noch zu .... (KLÄREN).

f) Die Eltern .... (HOLTEN) die Kinder an der Haltestelle ab.

g) Langes und anstrengendes .... (LAUFEN) hatte der Arzt verboten.

h) Durch ständiges .... (ÜBEN) wirst du deine Note verbessern.

i) Beim .... (PUTZEN) der Zähne brach die Zahnbürste entzwei.

j) Die kleinen Kinder .... (SITZEN) im Sandkasten.

8. Unterstreiche bei Aufgabe 7 die Begleiter der nominalisierten Verben.

9. Adjektiv oder nominalisiertes Adjektiv? Setze die eingeklammerten Wörter in der richtigen Schreibweise ein und unterstreiche bei Aufgabe 9 die Begleiter der nominalisierten Adjektive.

Anna hatte sich zum Geburtstag etwas *Besonderes* (BESONDERES) gewünscht. Auf dem

.... (GESCHMÜCKTEN) Gabentisch lag auch allerlei ....

(SCHÖNES): etwas .... (GEBASTELTES) von Klaus, dem ....

(KLEINEN) Bruder, mancherlei .... (SÜßES) vom Papa. Und Mamas Geschenk? Oft hatte

sie allerlei .... (GEBACKENES) für die Geburtstagsparty beigesteuert. Da entdeck-

te Anna einen Karton mit einer Karte: „Alles .... (GUTE), mein Schatz. Ich wünsche dir

viel .... (SCHÖNES) und wenig .... (TRAURIGES), vor allem aber allerlei

.... (SPAßIGES) mit unserem Freund: Meerschweinchen Fritz."

Nominalisierte Verben und Adjektive

10. Schreibe eine kleine Geschichte mit vielen nominalisierten Verben und Adjektiven:

– Überlege dir zunächst ein Thema, z. B.:

Beim Wandern

Auf dem Schulhof

In der letzten Turnstunde

Ein Unfall auf dem Spielplatz

Der letzte Ferientag

Ein Geburtstagsfest

– Notiere dann einige Wortgruppen mit nominalisierten Verben und Adjektiven, die du verwenden möchtest.

Thema: ....

Nominalisierungen: ....

....

....

....

....

....

....

....

....

....

....

....

....

....

....

....

....

....

Zusammengesetzte Verben und Wortgruppen mit „zusammen"

Verbindungen von „zusammen" und Verb schreibt man getrennt, wenn sich das Wort „zusammen" in der Wortgruppe durch „gemeinsam" ersetzen lässt. Beide Wörter werden betont, z.B.

Sollen wir morgen zusámmen (gemeinsam) fáhren?

Verbindungen von „zusammen" und Verb schreibt man zusammen, wenn sich das ganze zusammengesetzte Verb durch ein anderes Verb (oder eine Umschreibung) ersetzen lässt und das Wort „zusammen" betont wird, z.B.:

Du solltest nicht bei jedem Klingeln zusámmenfahren (erschrecken).

1. Setze bei den Wortgruppen mit „zusammen" und den zusammengesetzten Verben die Betonungszeichen. Führe dann die Ersatzprobe durch.

a) Daniel und Tina wollen den Brief zusammen schreiben.
b) Die beiden Wörter musst du zusammenschreiben.
c) Diese Wegstrecke können wir doch zusammen laufen.
d) Beim Auftritt des Clowns werden alle Kinder zusammenlaufen.
e) Wollen wir die Lose zusammen ziehen?
f) Die Zahlen musst du zusammenziehen.

a) Daniel und Tina wollen den Brief gemeinsam schreiben.
b)
c)
d)
e)
f)

2. Ein weiterer Tipp: Wenn es sich bei einer Verbindung aus „zusammen" und Verb um eine Wortgruppe handelt, dann lässt sie sich erweitern. Versuche die Wortgruppe in den Sätzen c) und e) wie im vorgegebenen Beispiel zu erweitern.

a) Daniel und Tina wollen den Brief zusammen schreiben.

Daniel und Tina wollen den Brief zusammen mit Opa schreiben.

c) Diese Wegstrecke können wir doch zusammen laufen.

e) Wollen wir die Lose zusammen ziehen?

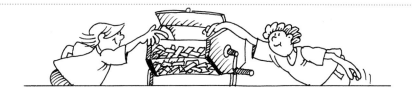

Zusammengesetzte Verben und Wortgruppen mit „zusammen"

3. Schreibe mit den folgenden Wortgruppen und den zusammengesetzten Verben Sätze auf. Setze die Betonungszeichen und führe die Ersatzprobe durch.

a) zusammen nehmen

b) zusammennehmen

c) zusammen halten

d) zusammenhalten

e) zusammen setzen

f) zusammensetzen

g) zusammen kommen

h) zusammenkommen

a) Den schweren Karton können wir doch zusámmen néhmen.

Ersatzprobe: Den schweren Karton können wir doch gemeinsam nehmen.

b) Trotz des großen Ärgers solltest du dich zusámmennehmen.

Ersatzprobe: Trotz des großen Ärgers solltest du dich beherrschen.

c) Den Pokal werden Trainer und

Ersatzprobe:

d) Müssen Geschwister

Ersatzprobe:

e)

Ersatzprobe:

f)

Ersatzprobe:

g)

Ersatzprobe:

h)

Ersatzprobe:

4. Wie lassen sich die Wortgruppen von „zusammen" und Verb in den Sätzen a), c), e) und g) erweitern? Schreibe die Sätze auf.

a)

c)

e)

g)

Trennbar zusammengesetzte Verben

Trennbar zusammengesetzte Verben schreibt man nur in bestimmten Formen zusammen, z. B.

abfahren: Wir werden morgen abfahren.

Wir sind gestern abgefahren.

Er will, dass wir abfahren.

In anderen Formen trennen sich die beiden Teile des Verbs, z. B.

abfahren: Wir fahren gleich ab.

Wir fuhren sofort ab.

1. Welche Verben kannst du mit den Schiebern bilden? Schreibe sie auf.

ab	an	auf	vor	zu
geben	legen	sagen	setzen	stellen	teilen	tragen

abgeben, ablegen,

2. Suche dir drei Verben aus und notiere Wortverwandte. Nimm dabei ein Wörterbuch zu Hilfe.

1. Wortfamilie	2. Wortfamilie	3. Wortfamilie

Trennbar zusammengesetzte Verben

3. Schreibe den folgenden Text im Präsens auf.

Ein Buch vorstellen

In der nächsten Woche wird Sandra Erich Kästners Buch „Das doppelte Lottchen"
in der Klasse vorstellen. Darauf wird sie sich sehr genau vorbereiten. Zunächst
wird sie Überlegungen zur Reihenfolge anstellen. Wie wird sie ihren Vortrag
aufbauen? Zu drei Punkten wird sie Material sammeln und Stichwörter für
den Vortrag aufschreiben: Hinweise zu Kästner, zum Inhalt des „Doppelten
Lottchens" und zu anderen Kästner-Büchern. Um die notwendigen Informationen zu erhalten, wird sie eine Bibliothek aufsuchen und dort einige
Bücher aussuchen. Dann wird sie sich einen Stichwortzettel anlegen.

In der nächsten Woche stellt Sandra

....

....

....

....

....

....

....

....

....

....

4. Suche dir bei Aufgabe 1 (S. 39) drei Verben aus. Schreibe mit jedem Verb einen kurzen Satz im
Präsens auf. Setze ihn dann ins Futur und ins Perfekt.

1. Verb: ....   Präsens: ....

                                            Futur: ....

                                            Perfekt: ....

2. Verb: ....   Präsens: ....

                                            Futur: ....

                                            Perfekt: ....

3. Verb: ....   Präsens: ....

                                            Futur: ....

                                            Perfekt: ....

Untrennbar zusammengesetzte Verben

Untrennbar zusammengesetzte Verben schreibt man immer zusammen, z. B.

übernehmen: Ich übernehme den Ball.
Ich übernahm den Ball.
Ich habe den Ball übernommen.

1. Was passt zusammen? Schreibe die Verben auf.

hinter	sprechen
hinter	gehen
unter	halten
unter	holen
über	legen
wider	nehmen
wieder	legen

hintergehen,

2. Schreibe zu fünf Verben, die du bei Aufgabe 1 notiert hast, die Präsens-, Präteritum- und Perfektform der 3. Person Singular auf.

Infinitiv: *hintergehen*

3. Person Singular

Präsens: *er hintergeht*

Präteritum: *er hinterging*

Perfekt: *er hat hintergangen*

Infinitiv:

3. Person Singular

Präsens:

Präteritum:

Perfekt:

Infinitiv:

3. Person Singular

Präsens:

Präteritum:

Perfekt:

Infinitiv:

3. Person Singular

Präsens:

Präteritum:

Perfekt:

Infinitiv:

3. Person Singular

Präsens:

Präteritum:

Perfekt:

Infinitiv:

3. Person Singular

Präsens:

Präteritum:

Perfekt:

Zusammengesetzte Adjektive

Zusammengesetzte Adjektive können gebildet werden aus
Adjektiv   und   Adjektiv, z. B.
nass   **+**   **kalt**   →   **nasskalt**
Nomen   und   Adjektiv, z. B.
Butter   **+**   **weich**   →   **butterweich**
Löst man die Zusammensetzung aus Nomen und Adjektiv zu einer Wortgruppe auf,
dann schreibt man getrennt, z. B. **so weich wie Butter**.

1. Welche Adjektive kannst du zusammensetzen? Schreibe sie auf.

Adjektiv	und	Adjektiv	→	Adjektiv
dunkel		warm		*dunkelblau*
bitter		rot		
rosa		blond		
hell		böse		
feucht		grün		
blau		warm		
lau		kalt		
bitter		blau		

2. Bilde aus den Wortgruppen zusammengesetzte Adjektive.

	Nomen und Adjektiv	→ Adjektiv
so stark wie ein Bär	*Bär + stark*	*bärenstark*
so leicht wie eine Feder		
so klar wie Glas		
so breit wie ein Finger		
so blau wie der Himmel		
so hoch wie ein Meter		
so lang wie ein Baum		

3. Löse die folgenden zusammengesetzten Adjektive zu Wortgruppen auf.

messerscharf *so scharf wie ein Messer*   haushoch ....

glutrot ....   stahlhart ....

eisglatt ....   zuckersüß ....

Fachwörter und ihre Bedeutung

Ob in der Schule oder in der Freizeit: Überall begegnen uns Fremdwörter und Fachwörter. Manchmal versteht man sie auf Anhieb, weil man sie gar nicht mehr als „fremde Wörter" empfindet. Manchmal muss man in einem Lexikon nachschlagen, um herauszufinden, was ein Wort bedeutet.

1. Hier sind Fachbegriffe aus drei Bereichen durcheinandergeraten. Finde die Bereiche heraus und ordne ihnen die Fachwörter zu.
Autor – Bibliothek – Comics – Diskette – Fabel – Fairplay – Foul – Gymnastik – Input – Internet – Laptop – Laserdrucker – Lexikon – Medaille – Metrum – Modem – Monitor – Olympiade – Pokal – programmieren – Rhythmus – Roman – Skateboard – Software – Strophe – Surfbrett – Tastatur – Tennis – Text – Trainer

Bereich	Bereich	Bereich

2. Suche dir einen der drei Bereiche aus. Wenn du die Bedeutung eines Wortes nicht kennst, schlage in einem Wörterbuch nach. Schreibe mit den Wörtern jeweils einen Satz. Du kannst auch einen zusammenhängenden kleinen Text schreiben.

Typische Suffixe

Fremdwörter erkennt man häufig an bestimmten Suffixen, z. B.
– bei Verben -ieren: **deklinieren**,
– bei Nomen -(at)ion: **Deklination**.

1. Notiere Verben zu den folgenden Nomen.

Jubel	*jubilieren*	Adresse	
Applaus		Kopie	
Fotografie		Alarm	
Porträt		Training	

2. Schreibe mit fünf Verben jeweils einen Satz auf. Wenn du die Bedeutung nicht kennst, schlage in einem Wörterbuch nach.

....

....

....

....

....

3. Notiere Nomen zu den folgenden Verben.

funktionieren	*Funktion*	konjugieren	
organisieren		gratulieren	
informieren		subtrahieren	
interpretieren		demonstrieren	

4. Schreibe mit fünf Nomen jeweils einen Satz auf. Wenn du die Bedeutung nicht kennst, schlage in einem Wörterbuch nach.

....

....

....

....

....

Typische Suffixe

5. In diesem Buchstabengitter sind waagerecht vier und senkrecht sechs Fremdwörter versteckt, die auf -*(at)ion* enden. Schreibe sie in normaler Groß-/Kleinschreibung auf.

X	A	R	E	A	K	T	I	O	N	P	K
I	R	X	I	T	A	T	I	O	N	R	O
L	G	R	A	T	U	L	A	T	I	O	N
L	U	F	D	P	X	D	D	X	M	D	S
U	M	U	X	O	E	I	D	E	I	U	T
S	E	N	P	R	X	X	I	N	X	K	R
T	N	K	T	X	A	I	T	S	A	T	U
R	T	T	I	I	T	S	I	I	T	I	K
A	A	I	O	O	I	I	O	O	X	O	T
T	T	O	N	N	O	O	N	N	O	N	I
I	I	N	X	Z	N	N	Y	Z	N	A	O
O	O	P	E	R	A	T	I	O	N	Z	N
N	N	D	I	S	K	U	S	S	I	O	N

waagerecht: a) *Reaktion*   b) ....   c) ....

d) ....

senkrecht: a) ....   b) ....   c) ....

d) ....   e) ....   f) ....

6. Nimm ein Wörterbuch zur Hand: Informiere dich über die Bedeutung der Fremdwörter und schreibe Verben zu diesen Nomen auf.

Verb zu waagerecht: a) *reagieren*   b) ....   c) ....

d) ....

Verb zu senkrecht: a) ....   b) ....   c) ....

d) ....   e) ....   f) ....

Regeln anwenden

Die folgenden Übungstexte (S. 46 und S. 47) kannst du abschreiben oder dir diktieren lassen, z. B. von deinen Eltern, Geschwistern, Freunden. Du kannst sie aber auch deiner Banknachbarin oder deinem Banknachbarn diktieren (wechselt euch dann ab).

Beachte beim Abschreiben:
– Lies den ganzen Text einmal gründlich durch.
– Beginne dann mit dem Abschreiben. Präge dir die Wortgruppen bis zum senkrechten Strich ein, decke sie ab und schreibe sie auf.
– Vergleiche zum Schluss mit der Vorlage (Wortgruppe für Wortgruppe).

Beachte beim Diktieren:
– Sage deinem Diktatpartner zunächst, welcher Bereich der Rechtschreibung geübt wird. Der Bereich steht über dem Text.
– Der senkrechte Strich im Text gibt dir die Diktierpausen an.
– Denke daran, die Satzzeichen zu diktieren.
– Besonders schwierige Wörter sind im Text unterstrichen. Sage deinem Partner, wie das Wort geschrieben wird.

Lange Vokale

Und was liest du?

In der Jugendgruppe | reden die Kinder | über ihre Lieblingsbücher. | Jan empfiehlt | ein Buch | über die Ursachen | von Umweltschäden. | Nina widerspricht ihm: | „Es ist | viel zu schwierig. | Außerdem ist es | uralt." | Katja, | die Tierfreundin, | liest gerade | ein Sachbuch | über Tiger | und erzählt | vom Schicksal | der Tiger | in unseren Zoos. | Und was | liest du?

(56 Wörter)

s-Laute

Verkehrte Tierwelt

Es staunt die Kuh, | die friedlich grast: | der Kater | mit der Amsel spaßt! | Das Pferd nun | von der Weide muss, | ihm gibt der Hamster | einen Kuss. | Am Waldesrand | ein Bussard kreist, | dem Mäuschen | in die Nase beißt. | Der Hund, | der doch die Katze hasste, | ihr öfter | einen Biss verpasste, | er schenkt ihr | einen Blumenstrauß | und geht heut Abend | mit ihr aus. | Was ist nur | mit den Tieren los? | Nur heut verbrüdern | sie sich groß, | schon morgen | wird es anders sein, | darauf schwör ich | Stein und Bein.

(88 Wörter)

Schreibung nach kurzem Vokal

Das Geschenk

Papas Geburtstag | steht bevor | und Kati will ihm | ein aufgeräumtes Zimmer schenken. | Denn sie macht | ungern Ordnung. | Hefte und Papierfetzen | liegen | auf dem Boden, | Kleidungsstücke | unter dem Bett, | auf dem Fensterbrett | türmen sich Spielsachen. | Kati will die gute Idee | gleich in die Tat umsetzen | und öffnet | ihre Zimmertür. | Papa hat aufgeräumt! | Was soll sie ihm | jetzt schenken?

(59 Wörter)

das oder dass?

Gefahren auf dem Radweg

„Das Auto hat | auf Fahrradwegen | nichts zu suchen. | Herr Meier, | unser <u>Polizeipräsident</u>, | meint, | dass ein solcher Verstoß | härter bestraft | werden muss. | Herr Meier, | was schlagen Sie vor?" | „Wir möchten, | dass jeder | dieser rücksichtslosen Autofahrer | dazu verurteilt wird, | einen Tag lang | mit dem Rad zu fahren. | Er kann das | mit seinem eigenen Rad tun, | das er vermutlich | schon lange | nicht mehr benutzt hat. | So wird dem Autofahrer | bewusst gemacht, | dass es | gefährlich werden kann, | wenn Autos | den Radweg versperren. | Es ist | nicht nur lästig, | vom Rad absteigen | zu müssen, | das ist | – wie gesagt – | auch gefährlich. | Dass unser Vorschlag | viele Fahrer | zum Umdenken bringen wird, | davon sind wir überzeugt." |

(111 Wörter)

Regeln anwenden

Als Nomen gebrauchte Wörter
Verbote, Verbote!

Das Spielen | auf der Rasenfläche | ist verboten. | Beim Mähen des Rasens | ist auf das Einhalten | der Mittagsruhe zu achten. |
Im Hof | sind lautes Schreien, | Ball- und Fangspiele | nicht gestattet. |
Für das Schmücken des Hofes | (zum Beispiel für Feste) | ist eine Genehmigung notwendig. |
Im Vordergarten | sind das Parken von Autos | und das Abstellen | von Fahrrädern untersagt.

(57 Wörter)

Getrennt- und Zusammenschreibung
Abspielen!

Der SV Düren | und der Bonner FC | tragen ein Freundschaftsspiel aus. | Kurz vor Spielende | umspielt der Gegner | die Dürener Verteidigung. | Der Bonner Stürmer | setzt zum Schuss an | und es steht 1:0 | für die Gäste. | „Wollt ihr euch | wohl zusammenreißen!", | brüllt der Dürener Trainer. | Das Spiel wird | wieder angepfiffen | und der Ball | kommt zu Kalle. | „Abspielen!", | schreit sein Trainer. | „Junge, spiel doch | den Ball ab!" | Es sieht nämlich | so aus, | als würde er | gleich mit einem Bonner | zusammenstoßen. | Doch Kalle | weicht aus, | spielt den Ball | am Gegner vorbei | und stürmt | auf das gegnerische Tor zu. | Da sieht er Jens. | Kalle spielt ihm | den Ball zu, | Jens zieht | aus 15 Metern ab. | Tor!

(110 Wörter)

Als Nomen gebrauchte Wörter
Reingefallen!

Unser letzter Besuch | in einem Gasthaus | war ein Reinfall. | Beim Eintreten | empfing uns | ein unfreundlicher Kellner. | Unsere Eltern | baten ihn, | uns etwas Gutes | zu empfehlen. | Wir hatten uns nämlich | auf etwas Besonderes gefreut. | Das Essen | war schließlich so schlecht, | dass selbst | unser Dackel Timmi | keinen der ihm | hingehaltenen Bissen | anrührte.

(51 Wörter)

Fremdwörter/Fachwörter
Reise durchs Weltall

Seit 20 Jahren | fliegt die Raumsonde | Voyager 1 | durchs Universum. | Seitdem hat sie | 10,4 Milliarden Kilometer | zurückgelegt | und sendet | nur noch | schwache Signale. | (Im Vergleich dazu | ist die Batterie | einer Digitaluhr | neun Millionen Mal stärker.) |
An Bord befindet sich | eine „Botschaft an das Universum": | Die Erdenbürger | stellen sich | mit Ton- und Bilddokumenten vor, | berichten über | ihre Geschichte | und die technischen Entwicklungen | auf dem Planeten Erde. | Vielleicht werden | eines Tages | andere intelligente Lebewesen, | von denen wir | bis heute nichts wissen, | diese Informationen | im All aufspüren. | Dann sollen sie | auf jeden Fall | von der Friedlichkeit | der Erdenbewohner | überzeugt sein.

(98 Wörter)

Wörter und ihre Bedeutung

Wörter haben eine Form und eine Bedeutung.
Wir erklären, was ein Wort bedeutet, indem wir wichtige Merkmale dessen nennen, was gemeint ist.

1. In diesen Rätseln werden Merkmale genannt, mit denen du auf das gesuchte Wort kommen kannst.
Nicht immer gibt es nur eine Lösung.

Was ist das?

Ein Tier – bellt – hat einen länglichen Körper – mit kurzen Beinen ....

Ein Fahrzeug – hat zwei Räder – keinen Motor, aber Pedale ....

Eine Handlung – Fortbewegung – man tut es mit den Beinen ....

2. Bilde selbst solche Rätsel für folgende Wörter:

Auto ....

Tagebuch ....

Lesebuch ....

3. Im folgenden Rätsel ist die Lösung etwas schwerer zu finden.

Es hängt an der Wand mit neunundneunzig Zähnen. .... (Säge)

Es hängt an der Wand, gibt jedem die Hand. .... (Handtuch)

4. Hier muss man Wörter finden, die zusammengesetzt sind und nicht in der normalen Bedeutung
verwendet werden.

Welche Schlangen bewegen sich nur auf der Straße? ....

Was hat Beine, aber keine Arme? ....

Was hat einen Kopf, aber keine Füße? ....

Was hat einen Bauch und keinen Rücken? ....

Was hat einen Rücken und keinen Bauch? ....

Was für ein Strauß hat keine Blumen? ....

Welche Mäuse können fliegen? ....

Welcher Wurm ist ein Mensch? ....

Welcher Hase hat keine Ohrlöffel? ....

Was hat einen Bart und keine Nase? ....

Bedeutungen erklären

Die Bedeutung eines Wortes kann man erklären, damit man es besser versteht.

1. Dies ist ein Ausschnitt aus einem Interview mit der Schweizer Skifahrerin Vreni Schneider. Welche der Worterklärungen hältst du für richtig? Streiche sie an.

Auf dem Gipfel Ihrer Popularität sind Sie in der Schweiz zur Sportlerin des Jahres gewählt und in Deutschland als „Sportlerin mit Herz" ausgezeichnet worden. Kann man sich als ehrgeizige Hochleistungssportlerin überhaupt leisten, ein Herz für Konkurrentinnen zu haben?
Auf jeden Fall. Ehrgeizig muss man mit sich selber sein, nicht gegen andere. Das wäre eine ungesunde Rivalität, eine falsche Konkurrenz. Ich war nie missgünstig. Missgunst kommt immer auf einen zurück.

Popularität	**Ehrgeiz**	**Rivale**	**Konkurrenz**	**Missgunst**
○ Musik zur Unterhaltung	○ großer Geiz	○ Gegner in einem Wettbewerb-	○ Wettbewerb	○ Neid
○ Beliebtheit	○ Streben nach Ehre	○ Nebenfluss	○ Mitglieder eines Vereins	○ schlechtes Gefühl
○ eine Gruppe von Fans	○ Streben nach Erfolg	○ Mannschafts- kamerad	○ Gegnerschaft	○ wenn man jemandem den Sieg nicht gönnt
○ Bekanntheit	○ kranker Mensch	○ Kämpfer	○ Angelegenheit	○ Unglück

2. Die folgenden Wörter kann man auch von hinten nach vorn lesen. Welches Wort ergibt sich dann? Schreibe es in korrekter Rechtschreibung auf und erkläre seine Bedeutung.

	Spiegelwort	Bedeutungserklärung
agil	*Liga*	
barg		
ebbe		
grub		
her		
lager		
leben		
lieb		
mark		
ton		
tor		

Oberbegriff und Unterbegriff

In jedem Wortfeld gibt es Wörter mit allgemeinerer und Wörter mit speziellerer Bedeutung.
Der Oberbegriff hat die allgemeinere Bedeutung und der Unterbegriff die speziellere Bedeutung.

1. Ordne die Nomen in das Schema unter den passenden Oberbegriff ein.

Lok – Ente – Salz – Laus – Rüde – Anis – Kamel – Essig – Typhus – Pfeffer – Durchfall – Bus –
Ischias – Roller – Husten – Auto

Tier	Gewürz
Krankheit	**Fahrzeug**

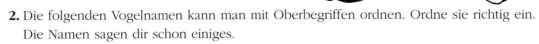

2. Die folgenden Vogelnamen kann man mit Oberbegriffen ordnen. Ordne sie richtig ein.
Die Namen sagen dir schon einiges.

Bussard, Uhu, Feldlerche, Mehlschwalbe, Moorente, Wachtel, Graugans, Habicht, Amsel, Rebhuhn,
Haubentaucher, Fasan, Bachstelze, Waldkauz, Falke, Waldohreule, Nachtigall, Stockente,
Teichrohrsänger, Schneehuhn, Kormoran, Höckerschwan, Singdrossel, Haushuhn, Buchfink

Taggreifvogel ....

Nachtgreifvogel ....

Singvogel ....

....

Entenvogel ....

Tauchvogel ....

Hühnervogel ....

3. Auch zu Verben gibt es Oberbegriffe. Bilde jeweils ein Paar aus Oberbegriff und Unterbegriff.

arbeiten – flüstern – handeln – rollen – sehen – sich fortbewegen – sprechen – wahrnehmen

....

....

....

....

Ordnung der Wörter

Wörter kann man nach ihrer Bedeutung ordnen.
Beim Schreiben müssen wir uns klarmachen, worin sich verwandte Wörter unterscheiden und
wie stark ein Wort ist. Nur so können wir das passende Wort verwenden.

1. Ordne die Wörter in Reihen. Beachte die Hinweise am Rand und die richtige Reihenfolge.

befriedigend, ausreichend, sehr gut, ungenügend, gut

immer
besser ⇨ ....

gut, passabel, sehr gut, prima, schlecht

immer
schlechter ⇨ ....

gleich, nie, später, sofort, bald

immer
später ⇨ ....

schweigen, brüllen, flüstern, rufen, schreien

immer
lauter ⇨ ....

schwindeln, flunkern, prahlen, erfinden, lügen

immer
schlimmer ⇨ ....

laufen, schlendern, rasen, gehen, rennen

immer
schneller ⇨ ....

auffordern, befehlen, raten, vorschreiben, bitten

immer
strenger ⇨ ....

2. Suche dir ein Wortpaket aus und bilde Sätze mit den Wörtern, in denen der Unterschied gut
zum Ausdruck kommt.

....

....

....

Das passende Wort

Oft fällt einem beim Schreiben nicht gleich das passende Wort ein.
Man kann dann mehrere Möglichkeiten ausprobieren und die beste auswählen.

1. Dies ist ein Auswahltext. Welcher Ausdruck scheint dir jeweils am besten? Streiche die anderen.

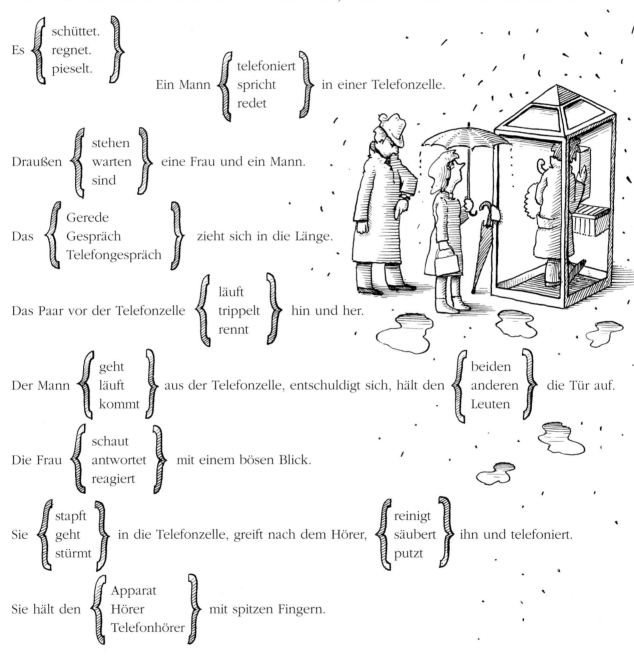

Es { schüttet. / regnet. / pieselt. }

Ein Mann { telefoniert / spricht / redet } in einer Telefonzelle.

Draußen { stehen / warten / sind } eine Frau und ein Mann.

Das { Gerede / Gespräch / Telefongespräch } zieht sich in die Länge.

Das Paar vor der Telefonzelle { läuft / trippelt / rennt } hin und her.

Der Mann { geht / läuft / kommt } aus der Telefonzelle, entschuldigt sich, hält den { beiden anderen / Leuten } die Tür auf.

Die Frau { schaut / antwortet / reagiert } mit einem bösen Blick.

Sie { stapft / geht / stürmt } in die Telefonzelle, greift nach dem Hörer, { reinigt / säubert / putzt } ihn und telefoniert.

Sie hält den { Apparat / Hörer / Telefonhörer } mit spitzen Fingern.

2. Schreibe nun den Text in der Fassung, die du am besten findest, in dein Heft.

3. Denk dir eine Fortsetzung der Geschichte aus und schreibe sie in dein Heft.
Achte auf treffende Ausdrücke.

Wortbildung

Wenn man zwei Wörter zusammenfügt, bekommt man eine Zusammensetzung (ein Kompositum).
Im Kompositum steht rechts das Grundwort, davor steht das Bestimmungswort.

Autobahn
Bestimmungswort Grundwort

Bahnfahrt
Bestimmungswort Grundwort

1. Unterstreiche in den folgenden Komposita das Bestimmungswort blau und das Grundwort rot.

Abenteuerroman	Fahrkarte	Romanhandlung	Urlaubsfoto	Farbfoto
Hauptwort	Vorwort	Selbsthilfe	Eisbahn	Bahngleis

2. Was ist der Unterschied? Gib eine kurze Erklärung oder bilde einen Beispielsatz.

Fassbier ....

Bierfass ....

Uhrzeit ....

Zeituhr ....

Lederschuh ....

Schuhleder ....

Die Großschreibung und die Formenbildung richten sich nach dem Grundwort.

3. Aus welchen Teilen sind die folgenden Wörter aufgebaut? Trenne sie durch einen Strich und schreibe die Wortart der Teile auf.

Auto|bahn   *Nomen + Nomen* ....   Heißwasser ....

Weißwäsche ....   Tretmühle ....

hellblond ....   Reißverschluss ....

Herbstrose ....   bombensicher ....

4. Wie schreibt man das? Bilde einen Satz mit jedem der Wörter in normaler Rechtschreibung.
HITZEBESTÄNDIG, HITZEWELLE, WELLENFÖRMIG

....

....

....

Wortbildung

Zwischen Adjektiven und Nomen gibt es oft Verwandtschaften.
Adjektive können von Nomen abgeleitet werden und umgekehrt.

5. Schreibe zu jedem Nomen ein verwandtes Adjektiv auf, z. B. *Schönheit – schön, Rose – rosig.*

Würde	Feind	Amerika ....
Technik	Kind	Dreck ....
Spiel	Langeweile	Teufel ....
Neid	Gesundheit	Musik ....
Herr	Anstand	Elektrizität ....
Spott	Fleiß	Wind ....
Mund	Ordnung	Gnade ....

6. Hier wird es etwas schwieriger.
Schreibe zu jedem Nomen ein verwandtes Adjektiv auf.

Genuss	Verbindung ....
Fürst	Frau ....
Schlaf	Blume ....
Malerei	Erde ....
Klage	

7. Suche zu jedem Adjektiv ein verwandtes Nomen, z. B. *teuer – die Teuerung.*
Schreibe das Nomen mit Artikel auf.

absichtlich	eckig	langweilig ....
offen	selten	frei ....
würzig	scharf	kalt ....
ehrfürchtig	süß	schnell ....
lustig	frech	sauber ....
glatt	adlig	sauer ....
jung	alt	beliebt ....
arm	mütterlich	klar ....

Wiederholung: Die wichtigsten Wortarten

Die wichtigsten Wortarten sind Nomen (Substantiv), Verb, Adjektiv. Sie alle haben verschiedene Formen.

1. In jeder Reihe passt eines der Wörter nicht, weil es eine andere Wortart hat. Unterstreiche das Kuckucksei.

FURCHT – VERDACHT – ARGWOHN – ZITTRIG – WAHN
TUSCHELN – SCHWATZEN – SCHNATTERN – GEREDE – BRABBELN
FORSCH – FRECH – RÜPEL – KECK – DREIST – HÖFLICH
GESELLSCHAFT – EINIG – EINTRACHT – EMPFANG – GASTHAUS
HONIG – DURSTIG – PFENNIG – REISIG – KÖNIG
RUHMREICH – ERTRAGREICH – SCHNEEREICH – ERDREICH
HEUCHLER – GEFÄLLIG – UNTERTÄNIG – AALGLATT

2. Fülle nun die folgende Tabelle aus.

Kuckucksei	Wortart der Reihe	Kuckucksei-Wortart
	Nomen	*Adjektiv*

3. Verstecke für deinen Partner in zwei Reihen solche Kuckuckseier.

....

....

Wiederholung: Die wichtigsten Wortarten

4. Dies ist ein Gedicht mit vielen künstlichen Wörtern. Trotzdem kannst du die Wortart erkennen. Bestimme die Wortart der Kunstwörter.
Unterstreiche Nomen grün, Verben rot, Adjektive blau.

Die Loreley

Ich gneiß nicht, was tarrt es bedeften,
dass ich so bittselig schäft;
ein Meischen aus toflischem Tempo,
das rauchelt mir lau aus dem Heft.

Die Bläse ist bibbrisch, 's wird rusplig,
der Große floßt kiemig und reck;
Der Mauschel der Steinfalle förfert
im Killeklärchenbleck.

Der zuckernste Wonnenberg hauert
he oben nebbich traut;
ihre fuchsenen Schlanglinge blanken,
sie strillicht ihr fuchsenes Kraut.

Sie filzt es mit fuchsenem Rechen
und winselt ein Schierlach dabei;
das hegt eine gar fixfaxge,
murrige Höhnerei.

Den Grätlingskaffer im Plemphans,
den krallt es mit wütendem Zwick;
er linzt auf der Plotzer den Mondschein,
er raunt auf die Steinfalle krick.

Ich macker, der Gansplempel wickelt
am Eck noch Knudel und Kahn;
und das hegt mit ihrem Schauern
die Loreley betan.

Günter Puchner
(Nach einem berühmten Gedicht
von Heinrich Heine)

5. Suche dir ein Kunstnomen aus und dekliniere es.

Singular	Plural

6. Suche dir ein Kunstverb aus und konjugiere es im Präteritum.

Singular	Plural

Nomen und Artikel

Der bestimmte Artikel und der unbestimmte Artikel sind Begleiter des Nomens.
Sie richten sich in Numerus und Kasus nach dem Nomen.

Beispiele: ***Er öffnete <u>die</u> Tore.***   (Plural, Akkusativ)

           Er half <u>einem</u> Hund.   (Singular, Dativ).

1. Fülle die Lücken sinnvoll aus. Schreibe den Numerus und den Kasus des bestimmten oder unbestimmten Artikels dazu.

Verwende folgende Abkürzungen:

Numerus:	Kasus:
Singular = Sg.	Nominativ = Nom.
Plural = Pl.	Genitiv = Gen.
	Dativ = Dat.
	Akkusativ = Akk.

Urlaub, Urlaub

	Numerus	Kasus
Morgen packen wir *die* Koffer!	*Pl.*	*Akk.*
Macht ihr .... Fahrt ins Blaue?		
Nein, es geht an .... Nordsee.		
Da wohnen wir in .... feinen Hotel.		
.... Freund hat es uns empfohlen.		
Wir wollen doch .... Ferien genießen.		
Der Traum .... jeden Kindes ist es, jeden Tag zu schwimmen.		
Jedenfalls hat man uns .... Paradies auf Erden versprochen.		
Wir wollen hinterher nie sagen: Dieser Urlaub war .... Hölle.		
Sondern: Es war .... Traum.		

Nicht immer steht bei einem Nomen ein Artikel.

2. Setze einen Artikel, wo er hingehört.

Unsere Katze heißt .... Erna.

.... Kaiser Karl gründete diesen Ort.

.... Apfel fällt nicht weit vom Stamm.

Sie heirateten aus .... Liebe.

Er ist wirklich .... Narr.

Sie ist .... klügste Schülerin in .... Klasse.

Constanze soll .... Erzieherin werden.

Man sagt oft, ... Zeit ist .... Geld.

Willst du .... solchen Dummkopf verteidigen?

Nomen

Jedes Nomen (Substantiv) hat ein Genus (grammatisches Geschlecht).
Das Nomen kann in verschiedenen Kasus (grammatischen Fällen) stehen und es hat einen
Singular (Einzahl) und einen Plural (Mehrzahl).

1. Ergänze passende Nomen. Oft gibt es mehrere Möglichkeiten.

Auf dem Schreibtisch lagen viele *Bleistifte.*

UNICEF hilft .... in Not.

Es ist gesund, viel .... zu essen.

In unserem Garten pflanzte der Gärtner ....

Die Taschenuhr meines .... ist sehr wertvoll.

Wer hilft dem .... ?

Viele .... fürchten sich vor Läusen.

Wir gedenken der vielen ....

Der Wert dieser .... steigt ständig.

Man sagt, ... leben gerne mit Artgenossen zusammen.

Ihr Hobby ist es, ... zu lesen.

2. Jetzt fülle für die ergänzten Nomen die Tabelle aus. Verwende Abkürzungen:

Genus:
Maskulinum = Mask.
Femininum = Fem.
Neutrum = Neutr.

Kasus:
Nominativ = Nom.
Genitiv = Gen.
Dativ = Dat.
Akkusativ = Akk.

Numerus:
Singular = Sg.
Plural = Pl.

Nomen	Genus	Kasus	Numerus
Bleistifte	*Mask.*	*Nom.*	*Pl.*

Verb: Tempus

Die einfachen Tempora sind Präsens und Präteritum.
Die meisten Verben bilden das Präteritum durch Einfügen eines -t-.
Sie heißen schwache Verben: ***jagen – ich jage – ich jagte***.
Andere Verben bilden das Präteritum durch Veränderung des Stammvokals.
Sie heißen starke Verben: ***geben – ich gebe – ich gab***.

1. Schreibe die Verbformen aus dem Text in die Tabelle. Ergänze jeweils die fehlenden Formen.

Heute übt Silke viel für die Klavierstunde. Erst spielt sie mehrmals die Tonleitern. Dann wiederholt sie eine Etüde, die letzte Woche nicht ganz saß. Zum Schluss beginnt sie mit einem neuen Tanz, der einige Schwierigkeiten bereitet. Dazu nimmt sie sich viel Zeit. Bald läuft alles wie am Schnürchen.

Infinitiv	Präsens	Präteritum
üben	*sie übt*	*sie übte*

2. Bilde das Präteritum und schreibe die Form in die passende Spalte.

ich atme	er schreit	du schwimmst	sie büßen	er trinkt	ich fälle
wir singen	ihr ruft an	wir klagen	es regnet	du gehst	es schneit
er beißt	sie reitet	wir kneifen	du weinst	sie fallen	

schwaches Verb	starkes Verb
ich atmete, wir	

Verb: Tempus

Das Perfekt besteht aus einer Präsensform von „haben" oder „sein" und dem Partizip II:
Er hat geatmet. Sie ist gegangen.

3. Setze folgende Sätze ins Perfekt. Unterstreiche die Partizipien.

Heute schwimme ich über
den kleinen Kanal.
Wir kaufen jeden Tag im
Supermarkt.
Siehst du den blinkenden Stern?

Im Urlaub schreibt Susi
viele Briefe.
Wann kommst du heute?
Der Zug fährt gerade ab.

Ich lese jeden Tag die Zeitung.
Die Nachrichten interessieren
mich sehr.
Wir benützen die Fähre öfter.

Heute bin ich über den kleinen Kanal geschwommen.

Das Plusquamperfekt besteht aus zwei Teilen: einer Präteritumform von „haben" oder „sein" und
dem Partizip II:
Sie hatte geschrien. Er war gesprungen.

4. Setze Formen des Plusquamperfekts ein.

Bevor er ausging, *hatte Ralf sein Portmonee eingesteckt.*
(sein Portmonee einstecken)

Als er im Kaufhaus eintraf, _____
(sein Portmonee verloren)

Doch ehe es ans Bezahlen ging, _____
(es schon wieder finden)

Aber leider musste er feststellen, dass _____
(niemals Geld drin sein)

Verb: Tempus

Das Futur besteht aus zwei Teilen: einer Präsensform von „werden" und dem Infinitiv:
Ich werde warten. Sie werden morgen abreisen.

1. Fülle die Lücken, indem du Futurformen verwendest.

Die Ferien stehen vor der Tür.

Bald *wirst* du ....

Wir .... nächste Woche ....

Du .... morgen ....

Wann .... ihr .... ?

Und wo .... er .... ?

Nächstes Jahr ....

Im kommenden Jahr ....

Wird .... ?

Ihr ....

2. Ein Blick in die Zukunft.
Schreibe Sätze im Futur auf.
Du kannst auch eine Zeitangabe hinzufügen.

Die Menschen ernähren sich nur aus Tuben.

Die Menschen werden sich in Zukunft nur aus Tuben ernähren.

Ferngespräche führt man ohne Telefon.

....

Das Wort „Hausaufgaben" ist unbekannt.

....

Vokabeln lernt man, indem man eine süße Flüssigkeit trinkt.

....

Zum Fernsehen setzen die Menschen einfach eine Brille auf.

....

Jeder hat ständig einen kleinen Fernsehapparat dabei.

....

Verb: Imperativ

Jedes Verb hat zwei Imperativformen: den Imperativ Singular, z. B. **Iss!**, und den Imperativ Plural, z. B. **Esst!**

Dazu kommt noch die Höflichkeitsform, z. B. **Essen Sie!**

Imperativformen werden zum Auffordern, Befehlen und Bitten verwendet.

1. Sandra und Peter tun etwas, das ihrem Vater nicht gefällt.

Schreibe auf, wozu er sie deshalb auffordert. Überlege genau, was er wörtlich sagen könnte. Setze auch die Anführungszeichen der direkten Rede.

Sie öffnen die Fenster. *„Schließt die Fenster!"*

Sie kommen dauernd in sein Zimmer. _____

Sie wollen kein Obst essen. _____

Sie schauen fünf Stunden lang fern. _____

Sie verknoten seine Schnürsenkel. _____

2. Indirekte Rede geht zurück auf direkte Rede. Schreibe auf, was in direkter Rede gesagt wurde.

Indirekte Wiedergabe:	**Was in direkter Rede gesagt wurde:**
Mutter meint, ich solle rechnen.	*„Rechne!"*
Simon soll sich kämmen.	
Vater trug uns auf, den Rasen zu mähen.	
Du solltest mehr lesen.	
Mutter meinte, wir sollen schön feiern.	
Nico bat mich, mehr zu essen.	

3. Unterstreiche die Singularformen blau, die Pluralformen schwarz.

4. Und jetzt bitte: Was wurde in der Höflichkeitsform gesagt?

Der Schriftsteller schlug der Dame vor, mehr zu lesen. *„Lesen Sie doch etwas mehr!"*

Er schlug mir vor, im Lexikon nachzuschlagen. _____

Ina sollte ihr den Spaß nicht verderben. _____

In der Kirche sollte man still sein. _____

Sie bat alle, sie nie zu vergessen. _____

Sie hätten mehr Zucker in den Tee nehmen sollen. _____

_____

Adjektiv

Mit Adjektiven (Eigenschaftswörtern) kann man genauer charakterisieren.
Viele zusammengesetzte Adjektive sind aus einem Vergleich entstanden:
bärenstark = stark wie ein Bär.
Sie sind anschaulich und ausdrucksstark.

1. Verwende statt eines Vergleichs ein ausdrucksstarkes Adjektiv.

Vergleich	**Adjektiv**
ein Kerl, so stark wie ein Bär	*ein bärenstarker Kerl*
ein Mädchen, so zart wie eine Elfe	
eine Lüge, so dick wie eine Faust	
ein Gerüst, so hoch wie ein Turm	
ein Fluss, so klar wie Kristall	
ein Keks, so hart wie Stein	
eine Hochsprungmatte, so weich wie Butter	
ein Verstand, so scharf wie ein Messer	

2. Nun setze zuerst ein Nomen ein und schreibe anschließend ein zusammengesetztes Adjektiv auf wie in Aufgabe 1.

Vergleich		**Adjektiv**
ein Baum	so hoch wie ein Haus	
	so sauer wie Essig	
	so süß wie Zucker	
	so leicht wie eine Feder	
	so schwarz wie ein Rabe	
	so dick wie ein Arm	
	so fromm wie ein Lamm	
	so weit wie eine Meile	
	so flink wie ein Wiesel	
	so rund wie ein Kreis	
	so sicher wie der Tod	

Adverb

Adverbien (Umstandswörter) sind unveränderliche Wörter. Sie werden nicht dekliniert.
Manche Adverbien drücken zeitliche Verhältnisse aus, z. B. **schon**, andere örtliche, z. B. **dort**.
Sie können auch die Gliederung eines Textes verdeutlichen.

1. Der Text könnte noch ein paar sprachliche Zutaten gebrauchen. Schreibe das Rezept ausführlich auf,
setze dabei Satzzeichen und füge verdeutlichende Adverbien ein. Hier sind Vorschläge:

erst – zuerst – dann – danach – vorher – darauf – schließlich …

Ein leckeres Geburtstagsgeschenk: Linzer Torte

Zutaten übersichtlich bereitstellen
Mandeln mit heißem Wasser übergießen, abziehen und zerkleinern
Butter in Stücke schneiden
Mehl und Backpulver vermischen
Zucker, 1 Ei, Gewürze, Butter und Mandeln hinzufügen
Alles zu einem geschmeidigen Teig verkneten
Den ganzen Teig zu einer Kugel formen
Die Teigkugel 30 bis 40 Minuten im Kühlschrank ruhen lassen
Eine Springform mit Butter oder Margarine ausfetten
Mit 2/3 des Teiges die Springform auslegen
Den Teigboden mit Marmelade bestreichen
Aus dem restlichen Teig Streifen ausradeln
Teigstreifen gitterförmig über den mit Marmelade
    bestrichenen Boden legen
Das Gitter mit Eigelb bestreichen
Den Kuchen bei 200 °C etwa
    30 Minuten backen

Zutaten:
200 g Mehl
125 g Zucker
1 Teelöffel Backpulver
1 Messerspitze Nelken
1 gestrichener Teelöffel Zimt
1 Prise Salz
1 Teelöffel abgeriebene
Zitronenschale
1 Ei
125 g Mandeln
150 g Butter
100 g Marmelade (Aprikose
oder Erdbeere)
1 Eigelb

Pronomen

Um Wiederholungen zu vermeiden, kann man Pronomen verwenden. Hierzu dienen:
Personalpronomen: **er**, **sie**, **es**
Possessivpronomen (besitzanzeigende): **mein**, **dein**, **sein**, **ihr**, **unser**, **euer**
Demonstrativpronomen (hinweisende): **dieser**, **diese**, **dieses**
Man sollte aber darauf achten, dass der Leser den Bezug richtig versteht.

1. Setze in den folgenden Text passende Pronomen ein.

Zwei Enten stritten sich um einen Frosch. .... wollten die Delikatesse verspeisen.

.... hatte sich aber eine List ausgedacht. Obwohl .... Beine schon angeknabbert

waren, gelang es ...., sich zu befreien. .... hatte es nämlich geschafft, dass die

beiden Enten einander schnappten, sodass .... nicht verschlingen konnten.

2. Verbessere die folgenden Sätze so, dass keine Stilblüten entstehen. Du kannst andere Pronomen
verwenden, aber auch umstellen.

Dr. Eckener ist der zweite Führer des Zeppelins. Er ist 200 m lang mit fünf Gondeln an seinem Bauch.

....

Alle Schüler bewegen sich ruhig im Hof. Ein Lehrer führt Aufsicht. In seiner Mitte befindet sich ein
alter Springbrunnen.

....

Der Wasserhahn war kaputt. Bald aber kam der Klempner. Dieser war undicht geworden und gab
dauernd einen dünnen Wasserstrahl von sich.

....

Er zerschlug einen Bierkrug auf dem Kopf des Polizeibeamten. Er war voll Bier.

....

3. Verbessere den folgenden Text in deinem Heft. Vermeide unnötige
Wiederholungen, achte aber auf Deutlichkeit.

Eine aufgeblasene Krähe sammelte die Federn eines Pfaus.
Die Krähe putzte sich damit, die Krähe verließ mit
Verachtung ihr Volk und dann mischte die Krähe sich
unter die schönen Pfauen. Allein die Pfauen rupften
der Krähe die Federn aus und pickten die Krähe fort.
Die zerzauste Krähe kehrte nun missmutig zu ihrem
Volke zurück, wurde aber auch hier mit kränkender
Beschimpfung abgewiesen.

Präposition

Mit Präpositionen (Verhältniswörtern) können wir örtliche und zeitliche Verhältnisse ausdrücken.

1. Schreibe mit den folgenden Präpositionen Sätze auf:

neben – bis – während – unter – hinter – auf – unterhalb –
nach – zwischen – in – außerhalb – vor – über – seit

Neben der Vase bildete sich ein Fleck.

....

....

....

....

....

....

....

2. Unterstreiche in deinen Sätzen
  – blau: Präpositionen, die ein örtliches Verhältnis ausdrücken,
  – grün: Präpositionen, die ein zeitliches Verhältnis ausdrücken.

3. Welche der in Aufgabe 1 genannten Präpositionen können sowohl ein örtliches als auch ein zeitliches Verhältnis ausdrücken? Unterstreiche sie zusätzlich noch rot.

Bestimmte Präpositionen können mit dem Artikel verschmelzen: Präposition ***an*** + Artikel ***dem*** = ***am***.

4. Fülle die Lücken mit passenden Wörtern. Streiche die verwendeten Präpositionen aus.

am – am – aufs – aufs – fürs – hinterm – hinters – im – ins – übers – ums – vom – vorm – zur – zur

Sie wurde .... Präsidentin gewählt. – Hand .... Herz: Du hast ihm .... Haupt

geschlagen. – Er log das Blaue .... Himmel. – .... Tage der Befreiung jubelten alle

Gefangenen. – Diese Angelegenheit sollten wir nicht .... Knie brechen. – Die Keksschachtel

steht .... Bett. – Schon wieder wolltest du mich .... Licht führen. – Unser Sohn fährt

.... See. – Wir sind .... Begriff zu gehen. – Leider kann er mit seiner Meinung nicht

.... Berg halten. – Dieser Film ist wirklich etwas .... Auge. – Die Verhandlungen sind

.... Stocken geraten. – Mein Freund ist bei einem Unfall .... Leben gekommen. –

Unser Haus liegt .... Hang.

Subjekt und Prädikat

Sätze bestehen aus Satzgliedern. Die Satzglieder ermittelt man mit der Verschiebeprobe.
Die meisten Sätze haben mindestens ein Subjekt und ein Prädikat. Nach dem Subjekt fragt man
mit **Wer oder was?** Zum Prädikat gehört die Personalform des Verbs.

1. Umrahme die Subjekte grün, kreise die Personalformen
des Verbs rot ein.

Wortarten in den Subjekten

Das Popkonzert dauerte drei Stunden.   *Artikel, Nomen*

Im Schullandheim hatten wir ausgezeichnetes Wetter.

Kennst du meine englische Brieffreundin?

Diese Sportler beachten die Spielregeln.

Nächsten Montag beginnt dein Surfkurs.

Wer schreit hier?

In der Auslage liegen wunderschöne Dinge.

Michaela bedankte sich für das Rennrad.

Taucher und Sportangler brauchen eine besondere Ausrüstung.

2. Schreibe in die rechte Spalte, welche Wortarten in den Subjekten vorkommen.

3. Suche dir zwei Sätze aus, in denen du das Subjekt verschieben kannst. Schreibe sie hier auf mit dem
Subjekt an erster Stelle.

Subjekt und Prädikat müssen in Numerus und Person übereinstimmen. Ein Subjekt im Plural verlangt ein Prädikat im Plural. Ein doppeltes (oder gereihtes) Subjekt verlangt ein Prädikat im Plural.

4. Wie muss die Verb-Endung in folgenden Beispielen lauten?

Wir kam...... nach Hause. Volker kam...... nach Hause. Ich fiel...... durch. Du fiel...... .

5. Jetzt wird es schwieriger. Setze die richtigen Verb-Endungen ein.

Heidi und Volker kam...... nach Hause.   Der grüne Hut steh...... dir nicht.

Heidi kam...... nach Hause und Volker auch.   Dir steh...... keine grünen Hüte.

Ich und du fiel...... auf.   Weder der grüne noch der rote Hut steh...... dir.

Objekte

Objekte sind durch ihren Kasus bestimmt.

Das Genitivobjekt	antwortet auf die Frage **Wessen?**
Das Dativobjekt	antwortet auf die Frage **Wem?**
Das Akkusativobjekt	antwortet auf die Frage **Wen oder was?**

1. Bestimme die Objekte und umrahme sie grün.
Unterstreiche das Akkusativobjekt einfach, das Dativobjekt doppelt und das Genitivobjekt dreifach.

Der Einbruch in der Kaul-Villa ist aufgeklärt.

Ein Mitarbeiter der Firma wurde der Tat bezichtigt.

Die Kriminalpolizei gab eine Pressekonferenz.

Wir verdanken ihr die schnelle Aufklärung.

Der Kommissar beantwortete den Journalisten alle Fragen.

Der Angeklagte wurde der Tat überführt.

Wann wird ihm der Prozess gemacht?

2. Kontrolliere deine Ergebnisse aus Aufgabe 1. Du müsstest drei Akkusativobjekte, drei Dativobjekte und zwei Genitivobjekte gefunden haben.

3. Frage für zwei Sätze nach dem Subjekt und für zwei nach dem Akkusativobjekt.

Wer wurde der Tat bezichtigt?

....

....

....

....

Präpositionalobjekt

Objekte können mit Präpositionen angeschlossen werden.
Das Verb bestimmt jeweils, welche Präposition passt.

1. Welche Präposition gehört in die Lücke?

Der Pfleger kümmert sich .... den Verletzten.

Ich dankte ihm .... das Gespräch.

Die Entscheidung hängt .... uns ab.

Ich appelliere .... deine Vernunft.

Der Hund wartet .... einen Knochen.

Träumt das Kamel .... einer Oase?

Wir sehnen uns .... dem Gebirge.

Wir haben nur .... dir gesprochen.

Corinna hat sich .... das Buch gefreut.

Kann man sich .... ihn verlassen?

Sie hoffte .... bessere Zeiten.

Das Haus besteht .... sieben Zimmern.

Der Häftling bat .... Begnadigung.

Wir mussten .... den Komiker lachen.

Ich freue mich .... die nächsten Ferien.

2. Unterstreiche die Präpositionalobjekte. Wie kann man sie erfragen? Schreibe die vollständige Frage auf. Verwende Fragewörter wie *worauf, woran, worum, womit* usw.

Lasst uns <u>auf die Pauke</u> hauen!   *Worauf sollen wir hauen?*

Er bat das Amt um Unterstützung.

Hör doch mit dem Meckern auf!

Darf ich Sie um einen Tanz bitten?

Sie denkt an ihre Freunde.

Wir wenden uns an die Direktorin.

Er achtet nicht auf das Auto.

3. Bilde Sätze mit den vorgegebenen Verben. Verwende Präpositionalobjekte.

bitten   *Die Verunglückten baten den Straßendienst [um Hilfe.]*

lachen

zielen

leiden

vertrauen

4. Umrahme die Präpositionalobjekte.

Adverbiale

Adverbiale (adverbiale Bestimmungen) sind Satzglieder, die den Satz erweitern.
Sie enthalten meistens eine Präposition.
Oft verwendet man Adverbiale des Ortes (Frage: *Wo?*) und der Zeit (Frage: *Wann?*).

1. Gewusst wann, gewusst wo! Kannst du die Fragen beantworten? Schreibe die Lösungen in ganzen Sätzen auf.

① Wann endete der Zweite Weltkrieg?

② Auf welchem Kontinent gibt es die meisten Kängurus?

③ In welchem Jahrhundert wurde das Auto erfunden?

④ In welcher italienischen Stadt gibt es Kanäle statt Straßen?

⑤ Wo kann man den Eiffelturm bewundern?

① ....

② ....

③ ....

④ ....

⑤ ....

2. Male gelbe Rechtecke um die Adverbiale des Ortes und der Zeit in deinen Antworten.

3. Male gelbe Rechtecke um die Adverbiale des Ortes und der Zeit.

Auingen ist eine Reise wert	**Fragewort:**
In der Ferne sieht man Auingen.	....
Am frühen Morgen erscheint der romantische Ort besonders schön.	....
Bereits im Mittelalter wurde in Auingen die erste Herberge gebaut.	....
An dieser Stelle überquerte ein Handelsweg die Au.	....
Heutzutage gibt es im Ort mehrere Hotels und Gasthöfe.	....
Zu jeder Jahreszeit kann man dort erholsame Tage verbringen.	....
Weit und breit gibt es keine Industrieanlagen.	....
Auf eurer Fahrt zu uns solltet ihr in Auingen Rast machen.	....

4. Schreibe zu jedem Satz Fragewörter auf, mit denen du nach den Adverbialen fragen kannst.

Adverbiale

Außer den Adverbialen der Zeit und des Ortes gibt es auch Adverbiale des Grundes und der Art und Weise.

Das Adverbial des Grundes antwortet auf die Fragen: **Warum? Weshalb?**

Das Adverbial der Art und Weise antwortet auf die Fragen: **Wie? Auf welche Art und Weise?**

5. Male gelbe Rechtecke um die Adverbiale. In manchen Sätzen sind es zwei.

Wir wählten sofort die besten Spieler aus. – Mit geübtem Blick musterte uns die Trainerin. – Wegen der vielen Staus waren wir oft zu spät gekommen. – Wir standen regungslos auf dem Platz. – Michi konnte nicht mehr schnell laufen. – Er ließ sich saft- und kraftlos zurückfallen. – Aus Trotz ließ er den Ball fallen. – Bewegungslos blieb er am Boden liegen.

6. Nun setze selbst Adverbiale ein. Schreibe die Fragewörter auf, mit denen du nach ihnen fragst.

Nachdenklich schlenderte sie die Seepromenade entlang.   *Wie?* ....

Wir haben .... gekämpft.   ....

Arbeitet Claudia .... ?   ....

Dieser Schriftsteller schreibt ....

Mein Vater spricht ....

Wir schlichen .... ins Nachbarzimmer.   ....

7. Rahme die Adverbiale ein. Schreibe auf, um welche Art es sich jeweils handelt.

Letztes Wochenende spielten wir hinter der Schule Fußball.

....

Gestern bekam er wegen seiner Fresslust Magenkrämpfe.

....

Der gefährliche Hund kam zähnefletschend angerannt.

....

Ganz begeistert verfolgten wir das Autorennen mit dem Fernglas.

....

Bei den Olympischen Spielen 96 gewann sie überlegen zwei Goldmedaillen.

....

Genitivattribut und Adjektivattribut

Attribute sind nähere Bestimmungen zu einem Nomen: *eine **zuverlässige** Vertretung*.
Als Attribute können Nomen im Genitiv stehen: ***die Dame** **des Hauses***.
Vor einem Nomen können Adjektive und Partizipien als Attribute stehen. Sie werden dann dekliniert und richten sich dabei nach dem Nomen.

1. Unterstreiche im folgenden Text die Genitivattribute.

Das Hobby <u>unseres Apothekers</u> ist das Skilaufen. Er ruht und rastet nicht, bis er für jeden

Donnerstag der Wintermonate eine zuverlässige Vertretung für sein Geschäft gefunden hat.

An seinem <u>freien</u> Tag fährt er in der Frühe los, um als Erster am Lift zu sein. Er brennt darauf, die

Möglichkeiten des Tagespasses ganz auszuschöpfen. Stundenlang jagt er die <u>steilen</u> Pisten hinunter.

Und er ist wirklich ein <u>toller</u> Skiläufer. In <u>kurzen</u> Schwüngen wedelt er <u>voll</u> Eleganz ins Tal.

Mittags macht er nur eine Pause, wenn er den Verlockungen der Berghütte vor

Hunger nicht widerstehen kann. Am <u>späten</u> Nachmittag beendet er mit

einer <u>letzten flotten</u> Fahrt den <u>schönen</u> Sporttag. Glücklich setzt er

sich ans Steuer seines Autos, um das Abendessen mit der

Familie nicht zu versäumen. Dort erzählt er dann

von der Schönheit der Berge im Schnee.

2. Unterstreiche nun im Text oben auch die Adjektivattribute (in einer anderen Farbe).

3. Setze in folgendem Text passende Genitiv- und Adjektivattribute ein.

In der <u>Nacht</u> .... schreckten die Anwohner der Niagarafälle

aus ihrem .... Schlaf. Das Getöse ....

hatte aufgehört. Das .... Bett .... lag trocken. Was war

passiert? Im .... Flusslauf war die Eisdecke aufgesprungen. ....

Eisschollen hatten sich gelöst und den Zufluss .... verstopft, sodass

ein Abfließen .... aus dem .... Erie-See nicht möglich war.

Material: der riesigen Wassermassen – der Fälle – des 28. März 1848 – des Flusses – des Wassers –
gesamte – gewaltige – oberen – riesigen – sanften

4. Unterschlängele jeweils das Nomen, zu dem das Attribut gehört (sein Bezugswort).

Präpositionalattribut

Attribute bringen Genauigkeit. Sie geben Antwort auf die Frage: **Was für ein X?**
Dafür gibt es auch Präpositionalattribute. Sie sind mit einer Präposition an ihr Bezugswort
angeschlossen.

1. Unterstreiche die präpositionalen Attribute. Unterschlängele ihr Bezugswort.

Zuschauer mit aufgeregten Mienen verfolgen das Match.

Dieses Haus mit Garten sieht ganz romantisch aus.

Der Termin vor drei Wochen ist leider geplatzt.

Sie bestellte Spiegelei mit Spinat.

Wer kauft schon gerne die Katze im Sack?

Die Schüler mussten die drei Könige aus dem Morgenland malen.

Der Roman „Der Schatz im Silbersee" wurde verfilmt.

2. Man kann die Genauigkeit auch anders erreichen. Formuliere die folgenden Sätze um, wie im
Beipiel vorgeführt.
Achte darauf, dass du ein treffendes Verb verwendest.

Bitte helfen Sie den Menschen in Not!

Bitte helfen Sie den Menschen, die in Not sind.

Das Ruderboot am Steg hat ein Leck.

....

Wir geben dem Mann am Klavier ein Glas Sprudel.

....

Unsere Nachbarn um die Ecke wollen wegziehen.

....

Ich möchte das Kleid im Schaufenster anprobieren.

....

Attributsatz/Relativsatz

Attributsätze sind Nebensätze als Attribute.
Die häufigsten Attributsätze sind Relativsätze.
Sie werden mit einem Relativpronomen eingeleitet:

> **Ein Nebensatz ist ein Satz, <u>der</u> nicht selbstständig ist.**

Vor dem Relativpronomen kann auch eine Präposition stehen:

> **... ein Tisch, den man zum Schreiben benützt**
> **... ein Tisch, <u>auf</u> dem man schreibt**

1. Definiere mit einem passenden Attributsatz.

Ein Vokal ist *ein Laut* _____ , *der* _____ .

Ein Mensch ist _____ , _____ .

Ein Sessel ist _____ , _____ .

Ein Hocker ist _____ , _____ .

Ein Baum ist _____ , _____ .

Ein Lastwagen ist _____ , _____ .

Ein Fernseher ist _____ , _____ .

Ein Wort ist _____ , _____ .

2. Unterstreiche die Relativpronomen.

3. Der Schreiber hat oft zwei Möglichkeiten: Adjektiv oder Attributsatz. Ergänze die fehlenden Möglichkeiten. Streiche anschließend jeweils den Satz, der dir stilistisch schlechter erscheint.

Ein Bauch, der voll ist, studiert nicht gern.

Ein voller Bauch studiert nicht gern. ....

Bellende Hunde beißen nicht.

....

Eine Rede, die klug ist, ehrt den Mann.

....

Die Früchte, die am süßesten sind, fressen nur die Tiere, die am größten sind.

....

Die dümmsten Bauern ernten die dicksten Kartoffeln.

....

Arten von Attributen

Adjektive, Genitivgruppen, Präpositionalgruppen und Relativsätze können als Attribut stehen.
Außerdem gibt es Adverbien als Attribute. Sie folgen ihrem Bezugswort direkt: *die Brücke dort*.
Man fragt hier: *Welche Brücke?*

1. Unterstreiche die Adverbialattribute. Formuliere eine passende Frage und gib eine kurze Antwort.

Der Hut rechts gefällt mir. *Welcher Hut? Der Hut rechts.*

Der Blinker links funktioniert nicht.

Das Training heute war anstrengend.

Der Raum unten wirkt feucht.

Der Nachbar nebenan spielt Klavier.

Der Sommer hier war verregnet.

Die Blumen ringsum verdorren allmählich.

2. Unterschlängele die Bezugswörter der Attribute.

3. Der folgende Text enthält verschiedenartige Attribute. Unterstreiche die Attribute und bestimme sie.

Vor den Toren einer Fabrik kann man morgens viele Menschen beobachten.

Schon die Gesichter der Menschen sind sehr verschieden.

Es gibt gleichgültige oder mürrische Gesichter, aber auch viele Menschen mit hoffnungsvollem Blick.

Es gibt auch viele Unterschiede in der Kleidung der Mitarbeiter.

Im Hintergrund entdeckt man eine Gruppe von Frauen, die farbig angezogen sind.

Drei Männer ganz vorn haben schon ihre blauen Arbeitsanzüge an.

Nicht alle Leute haben Taschen mit Verpflegung dabei.

Vielleicht essen sie in der Kantine der Firma.

Genauigkeit

Attribute sind sprachliche Mittel für die Genauigkeit. Wenn man einen Gegenstand oder eine Person genauer charakterisieren muss, verwendet man oft Attribute.

1. Unterstreiche alle Attribute in folgendem Gespräch.

Gespräch

„Ist jene dicke Person …"
„Welche Person?"
„… jene dicke Person im weißen Mantel, die eben das Fenster schließt, eine Frau?"
„Nein, im Gegenteil."
„Dann ist diese dicke Person im weißen Mantel, die eben das Fenster schließt, ein Mann?"
„Nein, im Gegenteil."
„Also ist die dünne Person im weißen Mantel, die eben das Fenster schließt, ein Mann?"
„Nein, im Gegenteil."
„Ach so, die dünne Person im schwarzen Mantel, die eben das Fenster schließt, ist ein Mann?"
„Nein, im Gegenteil: Die dünne Person im schwarzen Mantel, die eben das Fenster öffnet, ist ein Mann."
„Bist du sicher?"
„Nein, im Gegenteil."   *Hans Manz*

2. Ordne die Erfindungen in die passende Zeile ein.

Erfindungen des Jahres

Eine Brille, die Scheibenwischer hat
Dreirad mit Allradantrieb
Ein aufklappbarer Christbaum
Ein Saft, der unsichtbar macht
Schulbank mit Schleudersitz
Ein elektrischer Füller

Kreide, die nach einer Stunde unsichtbar wird
Schulfrühstück in Tablettenform
Der Schulstuhl der Zukunft
Ein automatischer Schuhlöffel
Ein Kalender, der nur Sonntage enthält
Die Pille des ewigen Lebens

Adjektivattribut: *Ein aufklappbarer Christbaum.*

Präpositionalattribut:

Genitivattribut:

Relativsatz/Attributsatz:

3. Versuche alle Erfindungen mit Relativsätzen zu charakterisieren.

Satzreihe

Satzreihen bestehen aus aneinandergereihten Hauptsätzen.
Sie können unverbunden nebeneinander stehen oder mit Wörtern wie **aber**, **sondern**, **denn**
verbunden sein. Man grenzt die Sätze mit Komma oder mit Satzschlusszeichen voneinander ab.
Wenn die Hauptsätze mit **und** oder **oder** verbunden sind, muss kein Komma stehen.

1. Verbinde die folgenden Hauptsätze mit nebenordnenden Konjunktionen wie *und, oder, aber,*
sondern, denn usw. Setze ein Komma, wo es notwendig ist.

Erik holt die Freunde ab. Sie gehen zusammen zur Schule.

....

Laura geht gern ins Kino. Sie hat kein Geld.

....

Trinkst du gern Kakao? Magst du lieber Milch?

....

Carsten sucht sich ein gutes Versteck. Er will nicht erwischt werden.

....

Tina zögert nicht lange. Sie macht sich schnell auf den Heimweg.

....

Gehst du heute zur Schule? Habt ihr schon Ferien?

....

Daniela will einen Blumenstrauß kaufen. Ihre Mutter hat Geburtstag.

2. Setze die fehlenden Kommas ein. Nicht in jedem Satz muss ein Komma stehen.

Jens ist krank sein Kopf schmerzt aber er möchte trotzdem zum Pokalspiel.
Ist Trixi wieder gesund oder liegt sie noch im Bett?
Ich habe nicht gelogen sondern nur nicht die ganze Wahrheit gesagt.
Zuerst beschwerten sie sich dann verließen sie das Lokal.
Anja ist mutig oder sie zeigt ihre wahren Gefühle nicht.
Hans isst Kirschen Anna beißt in einen Apfel aber Tina trinkt ihre Limonade.
Hänsel und Gretel verliefen sich und sie wurden von einer alten Hexe eingefangen.

Satzgefüge

Satzgefüge bestehen aus Hauptsatz und (mindestens einem) Nebensatz. Der Nebensatz hat die Personalform des Verbs am Ende und wird vom Hauptsatz durch Komma getrennt.

1. Unterstreiche die Nebensätze. Setze die fehlenden Kommas ein.

Der Anzug den du gestern gekauft hast war sehr teuer. Das Mädchen dessen Eltern zurzeit in Amerika sind wohnt bei seinen Großeltern. Der Lehrer verwarnte die Schüler die zu spät gekommen waren. Die Schüler deren Eltern auf den Schulball kommen sollen sich in eine Liste eintragen. Kennst du ein Land das von seinen Bürgern keine Steuern verlangt? Das Schlimmste was er sah waren tote Robben am Strand. Der Tadel des Schwimmlehrers war das was ihn am meisten ärgerte. Ich war diejenige die sich ärgern musste. Er ist was man einen Schwätzer nennt. Was ich nicht weiß macht mich nicht heiß.

2. Bilde aus zwei selbstständigen Sätzen ein Satzgefüge mit nachgestelltem oder eingeschobenem Nebensatz. Achte auf die Satzzeichen!

Das Buch liegt auf dem Tisch. Ich möchte es haben.

Ich möchte das Buch haben, das auf dem Tisch liegt.

Ich streichle gern den kleinen Hund. Er gehört seit gestern meiner Oma.

....

Kennst du meine Freundin? Sie wohnt bei uns im Haus.

....

Dieses Jahr habe ich im Urlaub Fotos gemacht. Sie sind alle unterbelichtet.

....

Der Tisch wackelt. Meine Schwester hat einen Kuchen draufgestellt.

....

Das Geschäft wurde umgebaut. Susannes Mutter arbeitet seit vielen Jahren dort.

....

Unser Nachbar hat uns eingeladen. Sein Haus kennen wir noch nicht von innen.

....

Der wichtige Brief kam heute an. Schon lange habe ich auf ihn gewartet.

....

Satzgefüge

Nebensätze beginnen meistens mit einem Einleitewort oder einer Konjunktion.
Das Einleitewort drückt das Verhältnis zum Hauptsatz aus.
Im Nebensatz steht die Personalform des Verbs an der letzten Stelle.

3. Formuliere die Beispiele als Satzgefüge. Passende Konjunktionen sind: *weil, wenn, obwohl.*
Achte auf Satzzeichen!

Ich mag keine dicken Bücher. Ich kann sie nicht halten.

Ich mag keine dicken Bücher, weil ich sie nicht halten kann.

Wir gehen ganz gern zur Schule. Wir lernen da manches.

Der Schiedsrichter hat gepfiffen. Das Spiel ist aus.

Wir kommen. Aber es darf nicht regnen.

Ich esse nicht. Ich habe aber Hunger.

Du isst nichts? Du hast doch Hunger.

4. Nun unterstreiche die Personalformen in den Nebensätzen.

5. Gib Begründungen. Ideen stehen in Klammern.

Strafen sollte ein Lehrer nicht, _____ .
(Strafen bringen nichts)

Die Umwelt sollten wir schonen, _____ .
(Wir brauchen die Natur)

6. Nun suche noch jeweils eine eigene Begründung.

Strafen sollte ein Lehrer nicht, _____

Die Umwelt sollten wir schonen, _____

Satzgefüge

Eine häufige Form der Nebensätze sind die Objektsätze. Sie stehen meistens als Akkusativobjekt und werden mit den Konjunktionen **dass** oder **ob** eingeleitet.

Ich bin gut	Du bist schlecht
Fußball ist klasse	Handball ist Mist
Lernen ist nützlich	Spielen ist schädlich
Der Kluge bleibt allein	Der Dumme ist zu zwein
Ruhig Blut tut jedem gut	Feurig Blut tut keinem gut
Ich möchte ein König sein	Ich möchte kein Bettler sein
Autofahrer leben gefährlich	Fußgänger leben ungefährlich
Ehefrauen sind Hausdrachen	Ehemänner sind Pantoffelhelden
Sessel sind bequem	Stühle sind unbequem
Afrikaner sind faul	Japaner sind fleißig
Ein Mann, ein Wort	Eine Frau, ein Wörterbuch
Lernen verbessert die Noten	Spielen verschlechtert die Noten
Kinder müssen die Klappe halten	Erwachsene dürfen das Maul aufreißen
Rothaarige suchen immer Streit	Schwarzhaarige haben immer Schiss
Wer schnell läuft, ist ein Star	Wer dick ist, ist eine lahme Flasche
Ein schlauer Schüler macht seine Aufgaben gründlich	Eine dummer Schüler macht seine Aufgaben schlampig und falsch
Indianer sind rot vor Wut	Chinesen sind gelb vor Neid
Unser Lehrer übersieht alles	Unsere Lehrerin bemerkt alles
Die Großen dürfen alles	Die Kleinen dürfen nichts
Ein Mann hat Mut	Eine Frau hat Angst
Die Jungen tanzen den Alten auf der Nase rum	Die Alten machen den Jungen dauernd unnötige Vorschriften
Vater hat zu sagen	Mutter hat zu reden
Brot gibt Kraft	Keks macht matt
Immer vorn	Stets hinten
so od	er so

7. Du solltest solche Schwarzweißmalerei ablehnen. Formuliere 10 ablehnende Sätze. Verwende:

Es stimmt nicht, dass ... Ich glaube nicht, dass ... Es ist doch sehr zu bezweifeln, dass ...
Es ist ein grobes Vorurteil, dass ... Ich weiß nicht so recht, ob ... Ich frage mich, ob ...

Deutschstunden Arbeitsheft 6
Lösungen

Seite 4

2 Wortfamilie 1: Kasse, Supermarktkasse, Kassierer, kassieren

Wortfamilie 2: sicher, absichern, versichern, Sicherheit

Wortfamilie 3: Diktat, diktieren, Diktatheft, Rechtschreibdiktat

Wortfamilie 4: Nummer, Nummernschild, Hausnummer, nummerieren

Seite 6

1 **Garten** → Zwerg = Gartenzwerg

Plastik → Eimer = Plastikeimer

Haus → **Meister** → Wohnung = Hausmeisterwohnung

Dampf → **Schiff** → Fahrt = Dampfschifffahrt

hoch → Haus = Hochhaus

tief → Garage = Tiefgarage

Preis → geben = preisgeben

Stand → halten = standhalten

wahr → sagen = wahrsagen

hoch → rechnen = hochrechnen

auf/vor → spielen = aufspielen/vorspielen

auf/vor → geben = aufgeben/vorgeben

Seite 7

1 z. B. enthalten, entlassen, enttäuschen
erzählen, ergeben, erfahren
umjubeln, umklammern, umspielen
verzeihen, versetzen, verlassen
zersägen, zerreißen, zerlegen

2 krank: die Krankheit
rechn(en): die Rechnung
ereign(en): das Ereignis
Kind: die Kindheit
Freund: die Freundschaft
traurig: die Traurigkeit
einig: die Einigkeit, die Einigung
Kaiser: das Kaisertum
verwandt: die Verwandtschaft
reich: der Reichtum
zeug(en): das Zeugnis
Meister: die Meisterschaft

3

Präfix	Stamm	Suffix
Ver	teil	ung
Er	leb	nis
Er	mahn	ung
Er	zeug	nis
Ent	scheid	ung
Zer	leg	ung

Präposition	Stamm	Suffix
Auf	teil	ung
Unter	halt	ung
An	reg	ung

Seite 8

4 und 5

(einfach unterstrichen = Präfix, fett = Wortstamm, doppelt unterstrichen = Suffix, kursiv = Zusammensetzung)

1. *auffahren*, *Fahrrad*, *Fahrradweg*, ver**fahr**en
2. be**kenn**en, Be**kennt**nis, **kenn**en, *Kennzeichen*
3. be**stell**en, *feststellen*, *Stellplatz*, **Stell**ung
4. be**stimm**en, be**stimm**t, Be**stimm**ung, ver**stimm**en
5. ent**reiß**en, **reiß**en, *Reißverschluss*, zer**reiß**en
6. *hereinspazieren*, **spazier**en, *Spaziergang*, *Spazierweg*

6 *(einfach unterstrichen = Präfix, fett = Wortstamm, doppelt unterstrichen = Suffix, kursiv = Zusammensetzung)*

z. B.

be**dien**en, Be**dien**ung, *Dienstweg*, *Dienstwohnung*
Schließung, ver**schließ**en, *Schließfach*, *Schließfachschlüssel*

Seite 9

1 z. B.

gelb: ein gelbes Auto	Dank: des Dankes
grob: ein grober Klotz	Flug: die Flüge
plump: ein plumper Schuh	Tag: die Tage
Typ: die langweiligen Typen	Bank: die Bänke
Gold: des Goldes	
Brot: des Brotes	
Not: die Nöte	
Wald: die Wälder	

Seite 10

1

Wortverwandter mit a?	also:
Ball	Bälle
Fall	fällen
Gans	Gänse
Hals	Hälse
Jahr	jährlich
Kalb	Kälber
alt	älter
nein	bellen
nein	Fell
nein	Geld
nein	hell
nein	Pelz
nein	Quelle
nein	schnell

2

Wortverwandter mit au?	also:
braun	bräunen
Haus	Häuser
Haut	häuten
kaufen	Käufer
Laut	läuten

rauben	R**äu**ber
Zaun	Z**äu**ne
nein	ber**eu**en
nein	B**eu**le
nein	B**eu**te
nein	h**eu**len
nein	h**eu**te
nein	K**eu**le
nein	s**eu**fzen

Seite 11

1 1. *(Die Lösung ist vom jeweiligen Wörterbuch ab-hängig.)*
2. die Gedichtbände, die Haarbänder
3. die Band, Gruppe von Musikern
4. die Atlanten, die Atlasse; die Pizzen, die Pizzas
5. des Zeugnisses; des Erlebnisses
6. Portemonnaie/Portmonee; Spagetti/Spaghetti; Jogurt/Joghurt
7. perfékt; Pérfekt
8. Computer stammt aus dem Englischen; Komma stammt aus dem Griechischen

Seite 12

1 kompliziert: schwierig, umständlich, nicht einfach
rar: selten; nur in geringer Menge vorhanden, aber gesucht
modern: der Mode entsprechend, zeitgemäß, neuzeitlich
optisch: vom äußeren Eindruck her, die Augen betreffend
Trend: grundsätzliche Richtung einer Entwicklung
gestylt: gestaltet, entworfen
Computer: programmgesteuerte elektronische Rechenanlage
positiv: bejahend, zustimmend, vorteilhaft, günstig
akzeptieren: etwas annehmen, billigen, hinnehmen
funktionieren: in ordnungsgemäßem Betrieb sein, reibungslos ablaufen

Seite 13

1 und 2
Langer Vokal, geschrieben mit einfachem Buchstaben:
T**a**g, begegneten, n**u**r, T**i**ger, Z**e**bras, Kam**e**le, **a**ber (2 x), Sch**a**fe, Limon**a**de
Langer Vokal, geschrieben mit verdoppeltem Buchstaben:
Z**oo** (2 x), T**ee**, Kaff**ee**
Langer Vokal, geschrieben mit einfachem Buchstaben und h:
ihnen, **i**hre, F**o**hlen, s**a**hen, H**ü**hner, R**e**he, r**u**hten, k**ü**hle
Langer Vokal, geschrieben mit ie:
T**ie**re (2 x), d**ie** (2 x), s**ie** (3 x), sow**ie**, Bergz**ie**gen

Seite 14

1 a) Saal; b) Waage; c) Aal; d) Saat; e) Haare; f) Paar
2 Kleeblatt, Schneefall, Kaffeekanne, Teesieb, Seeufer, Meerwasser, Speerwurf
(Verwendet man die Wörter mehrmals, dann gibt es noch folgende Zusammensetzungen: Kaffeewasser, Teewasser, Teekanne.)
3 z. B.
Blumenbeet, Märchenfee, Pulverkaffee, Früchtetee
4 Boot, Moos, Zoo, doof, Moor

Seite 15

1 a und hl, hm, hn, hr:
Fahne, Gefahr, Stahl, bezahlen, fahren, Zahn, Zahl, Rahmen, zahm
e und hl, hm, hn, hr:
Befehl, lehren, nehmen, fehlen, Dehnung, Lehm, ehren, Lehne
o und hl, hn, hr:
Rohr, bohren, ohne, Sohle, Fohlen, Ohren, Sohn
u und hl, hn, hr:
Huhn, Ruhm, Uhren, Kuhle, Fuhre, Stuhl
2 z. B.

Fahne	Fähnchen
Gefahr	gefährlich, gefährden
Rohr	Röhrchen, Röhre
fahren	Fähre, Fährschiff
Huhn	Hühnchen, Hühner
Ruhm	rühmen, rühmlich
Sohn	Söhne, Söhnchen
Zahl	zählen, gezählt
Stuhl	Stühlchen, Stühle
zahm	zähmen, gezähmt

3

stehlen	er sti**eh**lt	er sta**hl**
	er hat gest**oh**len	
fahren	er f**äh**rt	er f**uh**r
	er ist gef**ah**ren	

Seite 16

1 und 2
Die Verben und Nomen aus dem Text sind in Fett-druck hervorgehoben:
1. **geplant**, **Pläne**, planen, planvoll
2. **Schnur**, **aufschnüren**, Schnürchen, schnüren
3. **strömen**, **Strom**, Ströme, Strömung
4. **Torhüterin**, **Tore**, Torschuss, Torwart
5. **spüren**, **verspüren**, Spur, spurlos
6. **quälen**, **Qual**, qualvoll, Quälgeist

4 z. B.
Meine Schwester und ich haben den gleichen Zunamen.
Die Zunahme von Gewalt bei Sportveranstaltungen ist bedenklich.
Anja malt ein Bild für Axel.
Der Müller mahlt das Korn zu Mehl.

Seite 17

1 **ur**alt, **Ur**enkel, **Ur**sache, **Ur**sprung, **Ur**wald
bieg**bar**, frucht**bar**, klapp**bar**, lenk**bar**, wandel**bar**, zahl**bar**
Schick**sal**
bieg**sam**, lenk**sam**, füg**sam**
Helden**tum**, Reich**tum**, Wachs**tum**

Seite 18

1

Infinitiv	Präteritum
fallen	ich f**ie**l
blasen	wir bl**ie**sen
bleiben	du bl**ie**bst
laufen	es l**ie**f
preisen	sie pr**ie**s
scheiden	ihr sch**ie**det
reiben	er r**ie**b
schreiben	ich schr**ie**b
schweigen	wir schw**ie**gen
braten	sie br**ie**t
halten	ihr h**ie**ltet
lassen	er l**ie**ß
meiden	ich m**ie**d
raten	wir r**ie**ten
rufen	du r**ie**fst

schlafen	es schlief
schreien	sie schrie
stoßen	ihr stießet

2 Präteritum **Infinitiv**

er bot	bieten
sie lag	liegen
wir froren	frieren
du flogst	fliegen
ihr verlort	verlieren
ich schloss	schließen
es floss	fließen
ich floh	fliehen
er kroch	kriechen
sie bogen	biegen
es schoss	schießen
sie wogen	wiegen
es zog	ziehen
sie schob	schieben

3 Sie leiht mir das Buch. Sie lieh mir das Buch.
Er stiehlt ihm die Zeit. Er stahl ihm die Zeit.

Seite 19

4 waagerecht: 2 Fibel, 6 Sieger, 9 Ihnen, 10 Lieder,
11 Wiese, 12 Diebe, 13 Schienen, 14 Zwiebel,
15 Riese, 16 wiegen
senkrecht: 1 Tiger, 3 Kiesel, 4 wieder, 5 fliehen,
6 sieben, 7 Biene, 8 Frieden, 10 lieben,
11 Wiesel

Seite 20

1 z. B.
WIEDER-
Wiederholung, Wiederaufbau, wiederbekommen,
Wiedergabe, wiedergeben, wiederherstellen,
wiederholbar, Wiederkehr, Wiedersehen,
Wiedervereinigung
WIDER-
Widerrede, widerfahren, widerlegen, widerlich,
Widerschein, widersetzen, widerspenstig,
widerspiegeln, Widerspruch, Widerstand

3 Küchendienst
Ein **wider**licher Geruch drang aus der Küche. Ob
Jens das **Wieder**sehen mit seinem Freund Stefan
ausgerechnet mit verbrannten Pfannkuchen feiern
will? Lisa öffnet die Tür und schimpft: „Jens, warte
doch, bis Mutter **wieder**kommt. Sie hat dir doch
wiederholt gesagt, dass du nicht mit heißem Öl
hantieren sollst. Musst du denn immer so **wider**-
borstig sein?" „Und ich **wieder**hole: erst denken,
dann reden. Ich muss dir nämlich **wider**sprechen.
Der **wider**wärtige Geruch stammt nicht von verbranntem Öl. Wir haben den Chemiekasten aus
deinem Zimmer geholt und konnten nicht **wider**-
stehen. Das war unser erstes Experiment."

Seite 21

1 a) weisen; b) beißen; c) blasen; d) draußen;
e) gießen; f) Kaiser; g) leise; h) Lose; i) verreisen;
j) zerreißen; k) Rose; l) Soße; m) Straße

2 stimmhafter s-Laut:
weisen, blasen, Kaiser, leise, Lose, verreisen, Rose
stimmloser s-Laut:
beißen, draußen, gießen, zerreißen, Soße, Straße

Seite 22

1 die Lose,	stimmhafter s-Laut	das Los
die Verlosung		
die Klöße	stimmloser s-Laut	der Kloß
spaßig	stimmloser s-Laut	der Spaß
sie bliesen	stimmhafter s-Laut	er blies
sie lasen	stimmhafter s-Laut	sie las

stoßen	stimmloser s-Laut	der Stoß
Füße	stimmloser s-Laut	der Fuß
eisig	stimmhafter s-Laut	das Eis
2 beißen	stimmloser s-Laut	sie beißt
reisen	stimmhafter s-Laut	er reiste
zerreißen	stimmloser s-Laut	sie zerreißt
brausen	stimmhafter s-Laut	er brauste
heißen	stimmloser s-Laut	sie heißt
lösen	stimmhafter s-Laut	er löste
grasen	stimmhafter s-Laut	die Kuh graste

Seite 23

3 blasen:	blies, geblasen
weisen:	wies, gewiesen
lesen:	las, gelesen
preisen:	pries, gepriesen

4 schließen, gießen, schießen, fließen, beißen, reißen
5 er schließt, er gießt, er schießt, es fließt, er beißt,
es reißt

Seite 24

1 Irrtümer
Eine rosarote Katze,
Eine himmelblaue Maus
Treffen sich am Antonplatze
Und erkennen sich durchaus.
Und die Maus will sich verstecken,
Und dann sagt sie: Keine Not,
Nie sah ich das Maul sich lecken
Eine Katze rosenrot.
Und die Katze nahet leise,
Bleckt den Zahn und steilt den Bart,
Bis sie ihrer Mittagsspeise
Sonderbares Fell gewahrt.
Und sie lässt die Maus am Leben
Wiederum auf Grund des Blaus,
Und sie spricht: Das kann's nicht geben,
Eine himmelblaue Maus.
Und sie wandeln von dem Platze
Ohne Zwischenfall nach Haus,
Rechts, nach Weißensee, die Katze,
Links, nach Lichtenberg, die Maus.

2 betonter kurzer Vokal und Doppelkonsonant:
ff: treffen
ll: will, Fell, Zwischenfall
mm: himmelblau (2 x)
nn: erkennen, dann, kann
ss: lässt
tt: Mittagsspeise
**betonter kurzer Vokal und Konsonanten-
gruppe:**
ck: verstecken, lecken, bleckt
tz: Katze (4 x), Antonplatze, Platze
nd: und (8 x), sonderbares, Grund, wandeln
nk: links
rt: Bart

Seite 25

3 und 4
*(In den Lösungswörtern stecken noch andere
Wörter; sie stehen in eckigen Klammern.)*
pp: klappern [Klappe], Puppe, schlapp
ss: Kasse [Ass, Asse], Masse [Ass, Asse], passen
[Pass, Ass, Asse]
tt: Ratte, Latte, Bett
st: Hast/(du) hast [Ast], Kasten [Ast], Kiste [ist]
ck: Dreck [Reck, Eck], Hecke [Ecke, Eck],
packen/(der) Packen
tz: hetzen, platzen [Platz, Latz], Tatze
ng: Schlange [lang, lange!], singen [Inge], Wange
nk: Bank, sinken, winken

1 Schifffracht, Schiff-Fracht
Pappplakat, Papp-Plakat
Wettturnen, Wett-Turnen
Sauerstoffflasche, Sauerstoff-Flasche
Stoffflicken, Stoff-Flicken
Kaffeeernte, Kaffee-Ernte
Teeei, Tee-Ei

Seite 26

1 a) Bekenntnis, b) Zirkus, c) Omnibus, d) Ersparnis,
e) Krokus, f) Atlas, g) Zeugnis, h) Ananas
Das Lösungswort lautet: **Akropolis**

2 a) des Bekenntnisses, die Bekenntnisse
b) des Zirkusses, die Zirkusse
c) des Omnibusses, die Omnibusse
d) der Ersparnis, die Ersparnisse
e) des Krokusses, die Krokusse
f) des Atlasses, die Atlasse (*auch:* Atlanten)
g) des Zeugnisses, die Zeugnisse
h) der Ananas, die Ananasse

3 z. B.
Die Beleuchtung des Globusses ist defekt.
Der Förster entdeckte den Bau eines Iltisses.
Das Innere des Kürbisses verarbeitet meine Mutter
zu Gelee.
In der Sportzeitung liest er die Beurteilung des Er-
gebnisses.
Das Ausplaudern des Geheimnisses ist streng ver-
boten.
Die Gefahren dieses Wagnisses kannst du nicht
einschätzen.

Seite 27

1 (*Artikel = einfach unterstrichen; Relativpronomen*
= doppelt unterstrichen)
Liebe Anna,
zu deinem Geburtstag wünsche ich dir alles Liebe!
Das (Ein) Geschenk wird dir der Paketbote bringen. Hoffentlich ist es das (jenes) Spiel, das (welches) du dir gewünscht hast. Das (Jenes) Buch, das
(welches) auf deinem Wunschzettel stand, konnte
ich leider nicht besorgen. Deshalb habe ich diesem
Brief einen Geldschein beigelegt, damit du dir das
(dieses) Kinderbuch von Erich Kästner, das (welches) übrigens sehr spannend ist, selbst kaufen
kannst.

2 z. B.

a) Heiner liest das Buch, **das** ich ihm geschenkt
habe.

b) Hier ist dein Arbeitsblatt, **das** du in der Schule
vergessen hast.

c) Es ist das Haus dort oben, in **das** Eva und Thomas
einziehen werden.

d) Steffi liebt das Kätzchen, **das** ihr zugelaufen ist.

e) Das Pflänzchen, **das** wir im Biologieunterricht
gesät haben, entwickelt sich prächtig.

f) Das Mädchen, **das** uns belogen hat, hat sich
entschuldigt.

g) Das Abteil, **das** Petra reserviert hatte, war besetzt.

h) Das Gepäck, **das** ihr aus dem Kofferraum geholt
hattet, war verschwunden.

Seite 28

3 a) Peter befürchtet, **dass** Monika ihm einen Streich
spielen wird.
b) Ich vermute, **dass** das Buch auf dem Tisch liegt.
c) Karin behauptet, **dass** der Gesuchte ein rotes
Hemd trug.
d) Opa spürt, **dass** das Wetter umschlagen wird.
e) Frau Berger bemerkte, **dass** die Klasse unruhig
wurde.
f) Olli sah, **dass** das schwarze Hündchen hinkte.
g) Tina wusste, **dass** sie das Spiel verloren hatte.
h) Karin versprach, **dass** sie das Geheimnis hüten
wird.

4 bis 6
(*einfach unterstrichen = Artikel „das"; doppelt un-*
terstrichen = Relativpronomen „das"; fett = Kon-
junktion „dass")
z. B.

Vater verkauft das Haus, das er von unserer Oma
geerbt hat.

Er vermutet, **dass** die Sportstunde heute ausfällt.

Tina verleiht das Spiel, das sie zum Geburtstag von
ihrer Tante bekommen hat.

Jan vermisst das Kätzchen, das er in den Ferien gepflegt hat.

Hendrik glaubt, **dass** sein Lieblingsverein dieses
Jahr deutscher Meister wird.

Michael spürt, **dass** seine kleine Schwester Angst
im Dunkeln hat.

Ich kenne das Kind, das seine Eltern im Einkaufs-
zentrum verloren hat.

Ina hofft, **dass** ihre Eltern mit ihr in diesen Ferien
einen Freizeitpark besuchen werden.

Mutter sucht das Portmonee, das sie gestern Abend
auf den Tisch gelegt hat.

Seite 29

7 und 8
(*einfach unterstrichen = Artikel „das"; doppelt un-*
terstrichen = Relativpronomen „das"; fett = Kon-
junktion „dass")
Hier ist das Gedicht, das ich gestern vortragen musste.
Sie vermutet, **dass** die Kinder sie benachrichtigen
werden.
Corinna erinnert sich, **dass** die gesuchte Person ein
kariertes Hemd trug.
Fürchtet er, **dass** Katja das Geheimnis verrät, das
ihr anvertraut hat?
Dein Trainer weiß, **dass** du heute großartig gespielt hast.
Das Pferd, das den Pokal gewann, das wird nicht
mehr starten.
Es freut mich für Großmutter, **dass** Peter morgen
kommen will.
Sorgt Lisa dafür, **dass** das Tier, das sie verschenkt
hat, auch gut gepflegt wird?
Dass dieses Unglück, das so viele Menschen betraf, vergessen wird, glaube ich nicht.
Der Großvater hofft, **dass** Corinna einen Schal
mitgenommen hat.
Beim Mittagessen rühmt sich Anna, **dass** sie Jens
einen Streich gespielt hat.

Dass ihr dieses Schiff für die Überfahrt ausgesucht habt, war eine gute Idee.
Dass du unsere Verabredung vergessen hast, dachte ich mir.

Seite 30

1 Regel Nr.   Beispiel

1	<u>Es</u> ist kalt.
5	Wo ist die <u>Herrentoilette</u>?
4	Dort ist der <u>Bahnhof</u>.
4	Ich fahre in <u>Urlaub</u>.
5	Ich suche mein <u>Arbeitsheft</u>.
3	Maria wohnt in <u>Hamburg</u>.
1	<u>Sehr</u> geehrter Herr Müller!
3	Dieses Schloss steht in <u>Bayern</u>.
5	Das Buch steht im <u>Bücherregal</u>.
4	Schau mal kurz auf deine <u>Uhr</u>!
2	„<u>Hast</u> du Daniel gesehen?"
2	„<u>Was</u> gibt es zum Mittagessen?"
3	Dieser Hund ist ein <u>Dalmatiner</u>.
2	„<u>Ist</u> heute Donnerstag?"
4	Bald beginnen die <u>Ferien</u>.
5	Jan fährt mit dem <u>Schulbus</u>.

Seite 31

2 Regel Nr.   Beispiel

8	Haben <u>Sie</u> noch einen Wunsch?
8	Kann ich <u>Ihnen</u> helfen?
7	Das <u>Betreten</u> des Rasens ist verboten!
6	Wir fordern mehr <u>Sicherheit</u> im Straßenverkehr.
6	Wir schätzen seine <u>Fähigkeiten</u>.
7	Darüber bin ich mir im <u>Klaren</u>.
7	Nach kurzem <u>Zögern</u> stimmt er zu.
6	Ich verrate dir ein <u>Geheimnis</u>.
6	Du hast dir eine <u>Belohnung</u> verdient!
7	Martin hat eine <u>Sechs</u> gewürfelt.

3 Das **Betreten** ist verboten!
Die **Hausordnung** ist zu beachten.
Das **Training** wird verschoben.
Der **Platz** ist nicht bespielbar!
Wir **trainieren** heute nicht!
Zum **Trainieren** bitte Turnschuhe anziehen!
Die Öffnungszeiten sind zu **beachten**.
Zum **Trocknen** den Kellerraum **nutzen**!
Wegen **Krankheit** heute **geschlossen**!

Seite 32

1 die Faulheit, die Wahrheit, die Fröhlichkeit, die Erlaubnis, die Finsternis, die Bekanntschaft, das Brauchtum, der Reichtum, die Richtung, die Heiterkeit, die Verwandtschaft, die Schaltung

2 z. B.

Verb	Suffix	Nomen
belohn(en)	-ung	die Belohnung
erleb(en)	-nis	das Erlebnis
bürg(en)	-schaft	die Bürgschaft

Adjektiv	Suffix	Nomen
sauber	-keit	die Sauberkeit
geheim	-nis	das Geheimnis
heilig	-tum	das Heiligtum

Seite 33

1 und **2**

Begleiter und Nomen:
das Programm, viele Fehler, im Lesesaal, den Pokal, die Lampe, diesen Pullover, die Versteckspiele, seine Nachricht, zum Geburtstag

Begleiter und nominalisiertes Verb:
dein Klopfen, lautes Sprechen, alles Nachfragen, beim Hinauslaufen, beim Wandern, leises Weinen, zum Spielen, mit Schmunzeln, vom Trainieren

Begleiter und nominalisiertes Adjektiv:
nichts Besseres, nichts Genaues, die Glückliche, das Lustigste, im Freien, etwas Neues, alles Gute, viel Schönes, allerlei Wichtiges

Seite 34

3 Artikel: das (2 x), die (3 x), den
Präposition: im (2 x), beim (2 x), zum (2 x), mit, vom
Adjektiv: lautes, leises
Zahladjektiv: viele, alles (2 x), nichts (2 x), etwas, viel, allerlei
Pronomen: dein, diesen, seine

Seite 35

6 Ein Spielplatz ist ein Platz zum Spielen.
Ein Springseil ist ein Seil zum Springen.
Eine Turnhalle ist eine Halle zum Turnen.
Eine Malfarbe ist eine Farbe zum Malen.
Eine Stricknadel ist eine Nadel zum Stricken.
Ein Esslöffel ist ein Löffel zum Essen.

7 und **8**
a) <u>Dieses</u> **Strampeln** durch die Berge war sehr mühsam.
b) Für die Prüfung **wünschen** wir dir viel Glück.
c) Die Geschichte brachte die Kinder <u>zum</u> **Kichern**.
d) Sie erkannte ihren Großvater <u>am</u> **Lachen.**
e) Diese Frage haben wir noch zu **klären.**
f) Die Eltern **holten** die Kinder an der Haltestelle ab.
g) <u>Langes und anstrengendes</u> **Laufen** hatte der Arzt verboten.
h) Durch <u>ständiges</u> **Üben** wirst du deine Note verbessern.
i) <u>Beim</u> **Putzen** der Zähne brach die Zahnbürste entzwei.
j) Die kleinen Kinder **sitzen** im Sandkasten.

9 Anna hatte sich zum Geburtstag <u>etwas</u> **Besonderes** gewünscht. Auf dem **geschmückten** Gabentisch lag auch <u>allerlei</u> **Schönes:** etwas **Gebasteltes** von Klaus, dem **kleinen** Bruder, <u>mancherlei</u> **Süßes** vom Papa.
Und Mamas Geschenk? Oft hatte sie <u>allerlei</u> **Gebackenes** für die Geburtstagsparty beigesteuert.
Da entdeckte Anna einen Karton mit einer Karte:
„<u>Alles</u> **Gute,** mein Schatz. Ich wünsche dir <u>viel</u> **Schönes** und <u>wenig</u> **Trauriges,** vor allem aber <u>allerlei</u> **Spaßiges** mit unserem Freund: Meerschweinchen Fritz."

Seite 37

1 b) Die beiden Wörter musst du zusámmenschreiben.
Die beiden Wörter musst du als ein Wort schreiben.
c) Diese Wegstrecke können wir doch zusámmen láufen.
Diese Wegstrecke können wir doch gemeinsam laufen.
d) Beim Auftritt der Clowns werden alle Kinder zusámmenlaufen.
Beim Auftritt der Clowns werden alle Kinder sich versammeln.
e) Wollen wir die Lose zusámmen zíehen?
Wollen wir die Lose gemeinsam ziehen?
f) Die Zahlen musst du zusámmenziehen.
Die Zahlen musst du addieren.

2 z. B.
c) Diese Wegstrecke können wir doch zusammen **mit den Sportlern** laufen.
e) Wollen wir die Lose zusammen **mit dem Schiedsrichter** ziehen?

Seite 38

3 z. B.
c) Den Pokal werden Trainer und Spieler zusámmen hálten.
Den Pokal werden Trainer und Spieler gemeinsam halten.
d) Müssen Geschwister zusámmenhalten?
Müssen Geschwister füreinander einstehen?
e) Auf diese Wiese können wir uns zusámmen sétzen.
Auf diese Wiese können wir uns gemeinsam setzen.
f) Bei einem Problem sollte sich die ganze Klasse zusámmensetzen.
Bei einem Problem sollte sich die ganze Klasse austauschen.
g) Hendrik und Andreas werden zusámmen kómmen.
Hendrik und Andreas werden gemeinsam kommen.
h) Erst in den Ferien werden meine Brieffreundin und ich zusámmenkommen.
Erst in den Ferien werden meine Brieffreundin und ich uns treffen.

4 z. B.
a) Den schweren Karton können wir doch zusammen mit den Möbelpackern nehmen.
c) Den Pokal werden Trainer und Spieler zusammen mit dem Vereinspräsidenten halten.
e) Auf diese Wiese können wir uns zusammen mit unseren Freunden setzen.
g) Hendrik und Andreas werden zusammen mit dem Rest der Gruppe kommen.

Seite 39

1 **ab**geben, **ab**legen, **ab**sagen, **ab**setzen, **ab**stellen, **ab**teilen, **ab**tragen
angeben, **an**legen, **an**sagen, **an**setzen, **an**stellen
aufgeben, **auf**legen, **auf**sagen, **auf**setzen, **auf**stellen, **auf**teilen, **auf**tragen
vorgeben, **vor**legen, **vor**sagen, **vor**setzen, **vor**stellen, **vor**tragen
zugeben, **zu**legen, **zu**sagen, **zu**setzen, **zu**stellen, **zu**teilen, **zu**tragen

2 z. B.
angeben: Angabe, Angeber, angeberisch, angeblich
vorstellen: Vorstellung, Zirkusvorstellung, vorstellbar, vorstellig
zustellen: zugestellt, Zustellung, Zusteller, Postzustellung

Seite 40

3 Ein Buch vorstellen
In der nächsten Woche **stellt** Sandra Erich Kästners Buch „Das doppelte Lottchen" in der Klasse **vor**. Darauf **bereitet** sie sich sehr genau **vor**. Zunächst **stellt** sie Überlegungen zur Reihenfolge **an**. Wie **baut** sie ihren Vortrag **auf**? Zu drei Punkten **sammelt** sie Material und **schreibt** Stichwörter für den Vortrag **auf**: Hinweise zu Kästner, zum Inhalt des „Doppelten Lottchens" und zu anderen Kästner-Büchern. Um die notwendigen Informationen zu erhalten, **sucht** sie eine Bibliothek **auf** und **sucht** dort einige Bücher **aus**. Dann **legt** sie sich einen Stichwortzettel **an**.

4 z. B.
vorstellen:
Präsens: er stellt vor
Futur: er wird vorstellen
Perfekt: er hat vorgestellt
anstellen:
Präsens: sie stellt an
Futur: sie wird anstellen
Perfekt: sie hat angestellt
aufsagen:
Präsens: wir sagen auf
Futur: wir werden aufsagen
Perfekt: wir haben aufgesagt

Seite 41

1 hintergehen, hinterlegen, unterhalten, unternehmen, überlegen, widersprechen, wiederholen
(Verwendet man die Wörter mehrmals, dann gibt es noch folgende Verben: unterlegen, übergehen, überholen, übernehmen, widerlegen.)

2 hinterlegen, er hinterlegt, er hinterlegte, er hat hinterlegt
unterhalten, er unterhält, er unterhielt, er hat unterhalten
unternehmen, er unternimmt, er unternahm, er hat unternommen
überlegen, er überlegt, er überlegte, er hat überlegt
widersprechen, er widerspricht, er widersprach, er hat widersprochen
wiederholen, er wiederholt, er wiederholte, er hat wiederholt

Seite 42

1 dunkelblau, bitterböse, rosarot, hellblond, feuchtwarm, blaugrün, lauwarm, bitterkalt
(Verwendet man die Wörter mehrmals, dann gibt es noch folgende Zusammensetzungen: dunkelrot, dunkelblond, dunkelgrün, hellrot, hellgrün, hellblau, feuchtkalt, blaurot.)

2 Bär + stark — bärenstark
Feder + leicht — federleicht
Glas + klar — glasklar
Finger + breit — fingerbreit
Himmel + blau — himmelblau
Meter + hoch — meterhoch
Baum + lang — baumlang

3 so scharf wie ein Messer, so rot wie Glut, so glatt wie Eis, so hoch wie ein Haus, so hart wie Stahl, so süß wie Zucker

Seite 43

1 Bereich: **Literatur**
Autor, Bibliothek, Comics, Fabel, Lexikon, Metrum, Rhythmus, Roman, Strophe, Text
Bereich: **Computer**
Diskette, Input, Internet, Laptop, Laserdrucker, Modem, Monitor, programmieren, Software, Tastatur
Bereich: **Sport**
Fairplay, Foul, Gymnastik, Medaille, Olympiade, Pokal, Skateboard, Surfbrett, Tennis, Trainer

Seite 44

1 jubilieren (frohlocken), applaudieren (Beifall spenden), fotografieren (mit dem Fotoapparat Bilder machen), porträtieren (ein Brustbild anfertigen), adressieren (einen Brief etc. an jemanden richten), kopieren (etwas vervielfältigen), alarmieren (jemanden um Hilfe rufen), trainieren (einüben)

2 z. B.
Nach dem Sieg der Mannschaft jubilierten die Fans.

Als der Letzte am Ziel ankam, applaudierte das Publikum.
Ich möchte dich gerne fotografieren.
Der Maler porträtierte die Prinzessin.
Vergiss nicht, den Brief zu adressieren!
Der Lehrer muss die Arbeitsblätter noch kopieren.
Nach dem Überfall alarmierte er die Polizei.
Die Tennisspielerin trainiert auch am Wochenende.

3 Organisation (*Aufbau, planmäßige Gestaltung, Gruppe*), Information (*Nachricht, Auskunft*), Interpretation (*Deutung*), Konjugation (*grammatische Beugung von Verben*), Gratulation (*Glückwunsch*), Subtraktion (*das Abziehen*), Demonstration (*Massenprotest*)

4 z. B.
Welche Funktion hat dieses Gerät?
Sandra übernimmt die Organisation des Schulfestes.
Am schwarzen Brett hängen wichtige Informationen.
Schreibt zu diesem Gedicht eine Interpretation!
Beherrschst du die Konjugation der Verben?
Zur Gratulation singen wir ein Lied.
Bei der Subtraktion musst du eine Zahl von der anderen abziehen.
Wegen einer Demonstration ist die Straße gesperrt.

Seite 45

5 **waagerecht:**
a) Reaktion, b) Gratulation, c) Operation, d) Diskussion
senkrecht:
a) Illustration, b) Argumentation, c) Funktion, d) Addition, e) Produktion, f) Konstruktion

6 **waagerecht:**
a) reagieren, b) gratulieren, c) operieren, d) diskutieren
senkrecht:
a) illustrieren, b) argumentieren, c) funktionieren, d) addieren, e) produzieren, f) konstruieren

Seite 48

1 Dackel, Fahrrad, gehen
3 Säge, Handtuch
4 Autoschlangen, Stuhl, Nagel, Teekanne, Berg, Vogel Strauß, Fledermäuse, Bücherwurm, Angsthase, Schlüssel

Seite 49

1 **Popularität:** Bekanntheit
Ehrgeiz: Streben nach Erfolg
Rivale: Gegner in einem Wettbewerb
Konkurrenz: Gegnerschaft
Missgunst: Neid

2 **Liga:** Wettkampfklasse im Sport
Grab: Ort, wo ein Verstorbener beerdigt ist
Ebbe: eine der Gezeiten
Burg: befestigter Wohn- und Verteidigungsbau im Mittelalter
Reh: dem Hirsch ähnliches, aber kleineres, im Wald lebendes Tier
Regal: Gestell für Bücher oder Waren
Nebel: viele kleine Tröpfchen aus Wasserdampf
Beil: Werkzeug zum Holzhacken
Kram: Trödel, Gerümpel
Not: Zwangslage
rot: eine Farbe

Seite 50

1 **Tier:** Ente, Laus, Rüde, Kamel
Gewürz: Salz, Anis, Essig, Pfeffer
Krankheit: Typhus, Durchfall, Ischias, Husten
Fahrzeug: Lok, Bus, Roller, Auto

2 **Taggreifvogel:** Bussard, Habicht, Falke
Nachtgreifvogel: Waldohreule, Uhu, Waldkauz
Singvogel: Nachtigall, Amsel, Feldlerche, Singdrossel, Buchfink, Bachstelze, Mehlschwalbe, Teichrohrsänger
Entenvogel: Höckerschwan, Graugans, Stockente, Moorente
Tauchvogel: Haubentaucher, Kormoran
Hühnervogel: Fasan, Schneehuhn, Rebhuhn, Wachtel, Haushuhn

3

Oberbegriff	**Unterbegriff**
handeln	arbeiten
sprechen	flüstern
sich fortbewegen	rollen
wahrnehmen	sehen

Seite 51

1 ungenügend, ausreichend, befriedigend, gut, sehr gut
sehr gut, prima, gut, passabel, schlecht
sofort, gleich, bald, später, nie
schweigen, flüstern, rufen, schreien, brüllen
prahlen, erfinden, flunkern, schwindeln, lügen
schlendern, gehen, laufen, rennen, rasen
bitten, raten, auffordern, vorschreiben, befehlen

Seite 53

1 (*einfach unterstrichen = Bestimmungswort, doppelt unterstrichen = Grundwort*)
Abenteuerroman, Fahrkarte, Romanhandlung, Urlaubsfoto, Farbfoto, Hauptwort, Vorwort, Selbsthilfe, Eisbahn, Bahngleis

2 **Fassbier:** Bier aus einem Fass
Bierfass: Fass, in dem sich Bier befindet
Uhrzeit: Zeit, die auf einer Uhr ablesbar ist
Zeituhr: Uhr, mit der man die Zeit messen kann
Lederschuh: Schuh aus Leder
Schuhleder: Leder zum Anfertigen von Schuhen

3 **Weiß|wäsche:** Adjektiv + Nomen
hell|blond: Adjektiv + Adjektiv
Herbst|rose: Nomen + Nomen
Heiß|wasser: Adjektiv + Nomen
Tret|mühle: Verb + Nomen
Reiß|verschluss: Verb + Nomen
bomben|sicher: Nomen + Adjektiv

4 **hitzebeständig**
(Kleinschreibung, da Grundwort ein Adjektiv)
Hitzewelle
(Großschreibung, da Grundwort ein Nomen)
wellenförmig
(Kleinschreibung, da Grundwort ein Adjektiv)

Seite 54

5 z. B.
Würde: würdig, würdevoll
Technik: technisch, technologisch
Spiel: spielerisch
Neid: neidisch, neidlos
Herr: herrisch, herrlich
Spott: spöttisch
Mund: mündig, mündlich
Feind: feindlich, feindschaftlich
Kind: kindlich, kindisch
Langeweile: langweilig
Gesundheit: gesundheitlich
Anstand: anständig, anstandslos
Fleiß: fleißig
Ordnung: ordentlich
Amerika: amerikanisch
Dreck: dreckig
Teufel: teuflisch

Musik: musikalisch
Elektrizität: elektrisch
Wind: windig
Not: nötig
Gnade: gnädig, gnadenvoll

6 z. B.
Genuss: genüsslich, genussvoll
Fürst: fürstlich
Schlaf: schläfrig, schlaflos
Malerei: malerisch
Klage: klaglos, kläglich
Verbindung: verbindlich
Frau: fraulich, frauenhaft
Blume: blumig
Erde: erdig, irdisch

7 z. B.
absichtlich: Absicht
offen: Öffnung, Offenheit
würzig: Würze, Würzigkeit
ehrfürchtig: Ehrfurcht
lustig: Lust, Lustigkeit
glatt: Glätte, Glattheit
jung: Jüngling, Jünger
arm: Armut
eckig: Ecke
selten: Seltenheit
scharf: Schärfe, Schärfung
süß: Süße, Süßigkeit
frech: Frechheit, Frechling
adlig: Adel, Adeliger
alt: Altertum, Alterung
mütterlich: Mutter, Mütterlichkeit
langweilig: Langeweile, Langweiligkeit
frei: Freiheit
kalt: Kälte
schnell: Schnelle, Schnelligkeit
sauber: Sauberkeit
sauer: Säure, Säuerung
beliebt: Beliebtheit
klar: Klarheit

Seite 55

1 und 2

zittrig	Nomen	Adjektiv
Gerede	Verben	Nomen
Rüpel	Adjektive	Nomen
einig	Nomen	Adjektiv
durstig	Nomen	Adjektiv
Erdreich	Adjektiv	Nomen
Heuchler	Adjektiv	Nomen

Seite 56

4 **Nomen:**
Meischen, Bläse, Mauschel, Killeklärchenbleck, Wonnenberg, Schlanglinge, Schierlach, Grätlingskaffer, Plemphans, Zwick, Plotzer, Gansplempel, Knudel

Verben:
gneiß, tarrt, bedeften, schäft, rauchelt, floßt, förfert, hauert, blanken, strillicht, linzt, macker, betan

Adjektive:
bittselig, toflischem, bibbrisch, rusplig, kiemig, reck, zuckernste, nebbich, traut, fuchsenen, fuchsenes, fuchsenem, fixfaxge, murrige, krick

5 **Deklination**
z. B. der Wonnenberg

	Singular	Plural
Nom.	der Wonnenberg	die Wonnenberge
Gen.	des Wonnebergs	der Wonnenberge
Dat.	dem Wonnenberg	den Wonnenbergen
Akk.	den Wonnenberg	die Wonnenberge

6 **Konjugation**
z. B. raucheln

	Singular	Plural
1.	ich rauchelte	sie rauchelten
2.	du raucheltest	ihr raucheltet
3.	er rauchelte	sie rauchelten

Seite 57

1 die (Pl., Akk.), eine (Sg., Akk.);
die (Sg., Akk.); einem (Sg., Dat.);
Ein (Sg., Nom.); die (Pl., Akk.);
eines (Sg., Gen.); das (Sg., Akk.);
die (Sg., Nom.); ein (Sg., Nom.)

2 Unsere Katze heißt Erna.
Kaiser Karl gründete diesen Ort.
Der Apfel fällt nicht weit vom Stamm.
Sie heirateten aus Liebe.
Er ist wirklich **ein** Narr.
Sie ist **die** klügste Schülerin in **der** Klasse.
Constanze soll Erzieherin werden.
Man sagt oft, Zeit ist Geld.
Willst du **einen** solchen Dummkopf verteidigen?

Seite 58

1 und 2
z. B.
Bleistifte (Mask., Nom., Pl.)
Kindern (Neutr., Dat., Pl.)
Obst (Neutr., Akk., Sg.)
Bäume (Mask., Akk., Pl.)
Vaters (Mask., Gen., Sg.)
Bettler (Mask., Dat., Sg.)
Mädchen (Neutr., Nom., Pl.)
Toten (Mask., Gen., Pl.)
Münze (Fem., Gen., Sg.)
Affen (Mask., Nom., Pl.)
Bücher (Neutr., Akk., Pl.)

Seite 59

1
üben	**sie übt**	sie übte
spielen	**sie spielt**	sie spielte
wiederholen	**sie wiederholt**	sie wiederholte
sitzen	sie sitzt	**sie saß**
beginnen	**sie beginnt**	sie begann
bereiten	**er bereitet**	er bereitete
nehmen	**sie nimmt**	sie nahm
laufen	**es läuft**	es lief

2
schwache Verben	starke Verben
ich atmete	wir sangen
wir klagten	er biss
sie büßte	er schrie
es regnete	ihr rief an
du weintest	sie ritt
ich fällte	du schwammst
es schneite	wir kniffen
	er trank
	du gingst
	sie fielen

Seite 60

3 Heute bin ich über den kleinen Kanal geschwommen.
Wir haben jeden Tag im Supermarkt eingekauft.
Hast du den blinkenden Stern gesehen?
Im Urlaub hat Susi viele Briefe geschrieben.
Wann bist du heute gekommen?
Der Zug ist gerade abgefahren.
Ich habe jeden Tag die Zeitung gelesen.
Die Nachrichten haben mich sehr interessiert.
Wir haben die Fähre öfter benutzt.

4 Bevor er ausging, hatte Ralf sein Portmonee eingesteckt.

Als er im Kaufhaus eintraf, hatte er sein Portmonee verloren.

Doch ehe es ans Bezahlen ging, hatte er es schon wieder gefunden.

Aber leider musste er feststellen, dass niemals Geld drin gewesen war.

Seite 61

1 z. B.

Die Ferien stehen vor der Tür.

Bald **wirst** du in Urlaub **fahren**.

Wir **werden** nächste Woche nach Mallorca **fliegen**.

Du **wirst** morgen dein Zeugnis **bekommen**.

Wann **werdet** ihr eure Koffer **packen**?

Und wo **wird** er seine Ferien **verbringen**?

Nächstes Jahr **werde** ich einen Segeltörn **machen**.

Im kommenden Jahr **werden** wir auf Klassenfahrt **fahren**.

Wird das Wetter in diesem Sommer schön **werden**?

Ihr **werdet** im Urlaub bestimmt nette Leute **kennen lernen**.

2 Die Menschen werden sich (in Zukunft) aus Tuben ernähren.

Ferngespräche wird man (in Zukunft) ohne Telefon führen.

Das Wort „Hausaufgaben" wird (in Zukunft) unbekannt sein.

Vokabeln wird man (in Zukunft) lernen, indem man (in Zukunft) eine süße Flüssigkeit trinken wird.

Zum Fernsehen werden die Menschen (in Zukunft) einfach eine Brille aufsetzen.

Jeder wird (in Zukunft) ständig einen kleinen Fernseher dabei haben.

Seite 62

1 „Schließt die Fenster!"

„Kommt nicht dauernd in mein Zimmer!"

„Esst mehr Obst!"

„Schaut nicht so viel fern!"

„Verknotet meine Schürsenkel nicht!"

2 und **3**

(einfach unterstrichen = Singular, doppelt unterstrichen = Plural)

„Rechne!"

„Kämme dich!"

„Mäht den Rasen!"

„Lies mehr!"

„Feiert schön!"

„Iss mehr!"

4 „Lesen Sie doch etwas mehr!"

„Schlagen Sie doch im Lexikon nach!"

„Ina, verderben Sie ihr den Spaß doch nicht!"

„Seien Sie bitte in der Kirche still!"

„Bitte vergessen Sie mich nicht!"

„Nehmen Sie doch mehr Zucker in den Tee!"

Seite 63

1 ein bärenstarker Kerl

ein elfenzartes Mächen

eine faustdicke Lüge

ein turmhohes Gerüst

ein kristallklarer Fluss

ein steinharter Keks

eine butterweiche Hochsprungmatte

ein messerscharfer Verstand

2 z. B.

ein haushoher Baum

ein essigsaurer Saft

eine zuckersüße Frucht

ein federleichter Stift

eine rabenschwarze Seele

ein armdicker Ast

ein lammfrommer Hund

ein meilenweiter Weg

ein wieselflinkes Kätzchen

eine kreisrunde Scheibe

ein todsicherer Tipp

Seite 64

1 z. B.

Stelle **zuerst** die Zutaten übersichtlich bereit. Übergieße **erst** die Mandeln mit heißem Wasser, ziehe **dann** die Mandeln ab und zerkleinere sie. Schneide **danach** die Butter in Stücke. Vermische das Mehl mit dem Backpulver und füge **dann** den Zucker, das Ei, Nelken, Zimt, Salz, Zitronenschale, die Butter und die Mandeln hinzu. Verknete alles zu einem geschmeidigen Teig und forme den ganzen Teig zu einer Kugel. Lasse die Teigkugel **anschließend** 30 bis 40 Minuten im Kühlschrank ruhen. Lege eine Springform mit 2/3 des Teiges aus. **Vorher** musst du allerdings die Springform mit Butter oder Margarine ausfetten. Bestreiche **erst** den Teigboden mit der Marmelade und radle **dann** aus dem restlichen Teig Streifen aus. Lege die Teigstreifen gitterförmig über den mit Marmelade bestrichenen Boden und bestreiche **danach** das Gitter mit einem Eigelb. **Schließlich** kannst du den Kuchen bei 200 °C etwa 30 Minuten backen. Viel Spaß!

Seite 65

1 Sie – Er – seine – ihm – er – sie – ihn

2 Dr. Eckener ist der zweite Führer des Zeppelins. **Dieser** ist 200 m lang mit fünf Gondeln an seinem Bauch.

Ein Lehrer führt Aufsicht. Alle Schüler bewegen sich ruhig im Hof. In **seiner/dessen** Mitte befindet sich ein alter Springbrunnen.

Der Wasserhahn war kaputt. **Dieser** war undicht geworden und gab dauernd einen dünnen Wasserstrahl von sich. Bald aber kam der Klempner.

Er zerschlug einen Bierkrug, **der** voll Bier war, auf dem Kopf des Polizeibeamten.

3 z. B.

Eine aufgeblasene Krähe sammelte die Federn eines Pfaus. Sie putzte sich damit, verließ mit Verachtung ihr Volk und mischte sich unter die schönen Pfauen. Allein diese rupften der Krähe die Federn aus und pickten die Krähe fort. Die zerzauste Krähe kehrte nun missmutig zu ihrem Volke zurück, wurde aber auch hier mit kränkender Beschimpfung abgewiesen.

Seite 66

1 bis 3

Präpositionen, die ein örtliches Verhältnis ausdrücken:

neben, unter, auf, unterhalb, in, außerhalb, über, bis, vor, nach, zwischen, hinter

Präpositionen, die ein zeitliches Verhältnis ausdrücken:

bis, während, seit, nach, zwischen, vor, in

Präpositionen, die sowohl ein örtliches als auch ein zeitliches Verhältnis ausdrücken:

nach, zwischen, vor, bis, in

4 Sie wurde **zur** *(zu + der)* Präsidentin gewählt. – Hand **aufs** *(auf + das)* Herz: Du hast ihm **aufs** *(auf + das)* Haupt geschlagen. – Er log das Blaue **vom** *(von + dem)* Himmel. – **Am** *(An + dem)* Tage der Befreiung jubelten alle Gefangenen. – Diese Angelegenheit sollten wir nicht **übers** *(über + das)* Knie brechen. – Die Keksschachtel steht **vorm** *(vor + dem)* Bett. – Schon wieder wolltest du mich **hinters** *(hinter + das)* Licht führen. – Unser Sohn fährt **zur** *(zu + der)* See. – Wir sind **im** *(in + dem)* Begriff zu gehen. – Leider kann er mit seiner Meinung nicht **hinterm** *(hinter + dem)* Berg halten. – Dieser Film ist wirklich etwas **fürs** *(für + das)* Auge. – Die Verhandlungen sind **ins** *(in + das)* Stocken geraten. – Mein Freund ist bei einem Unfall **ums** *(um + das)* Leben gekommen. – Unser Haus liegt **am** *(an + dem)* Hang.

Seite 67

1 und 2

Personalform des Verbs	Subjekt	Wortarten in den Subjekten
hatten	wir	Pronomen
kennst	du	Pronomen
beachten	diese Sportler	Artikel, Nomen
beginnt	dein Surfkurs	Possessivpronomen, Nomen
schreit	wer	(Frage-) Pronomen
liegen	wunderschöne Dinge	Adjektiv, Nomen
bedankte	Michaela	Nomen
brauchen	Taucher und Sportangler	Nomen, Konjunktion

4 Wir **kamen** nach Hause. Volker **kam** nach Hause. Ich **fiel** durch. Du **fielst**.

5 Heidi und Volker **kamen** nach Hause. Heidi **kam** nach Hause und Volker auch. Ich und du **fielen** auf. Der grüne Hut **steht** dir nicht. Dir **stehen** keine grünen Hüte. Weder der grüne noch der rote Hut **steht** dir.

Seite 68

1 Akkusativobjekte:
eine Pressekonferenz; die schnelle Aufklärung; alle Fragen

Dativobjekte:
ihr, den Journalisten; ihm

Genitivobjekte:
der Tat; der Tat

3 Fragen nach dem Subjekt:
Wer wurde der Tat bezichtigt? – Ein Mitarbeiter der Firma.
Wer gab eine Pressekonferenz? – Die Kriminalpolizei.
Wer verdankt ihr die schnelle Aufklärung? – Wir.
Wer beantwortete den Journalisten alle Fragen? – Der Kommissar.
Wer wurde der Tat überführt? – Der Angeklagte.
Was wird ihm gemacht? – Der Prozess.

Fragen nach dem Akkusativobjekt:
Was gab die Kriminalpolizei? – Eine Pressekonferenz.
Was verdanken wir ihr? – Die schnelle Aufklärung.
Was beantwortete der Kommissar den Journalisten? – Alle Fragen.

Seite 69

1 Der Pfleger kümmert sich **um** den Verletzten. Ich dankte ihm **für** das Gespräch.

Die Entscheidung hängt **von** uns ab.
Ich appelliere **an** deine Vernunft.
Der Hund wartet **auf** einen Knochen.
Träumt das Kamel **von** einer Oase?
Wir sehnen uns **nach** dem Gebirge.
Wir haben nur **von** dir gesprochen.
Corinna hat sich **auf/über** das Buch gefreut.
Kann man sich **auf** ihn verlassen?
Sie hoffte **auf** bessere Zeiten.
Das Haus besteht **aus** sieben Zimmern.
Der Häftling bat **um** Begnadigung.
Wir mussten **über** den Komiker lachen.
Ich freue mich **auf** die nächsten Ferien.

2 Lasst uns <u>auf die Pauke</u> hauen! – Worauf sollen wir hauen?
Er bat das Amt <u>um Unterstützung</u>. – Worum bat er das Amt?
Hör doch <u>mit dem Meckern</u> auf! – Womit sollst du aufhören?
Darf ich Sie <u>um einen Tanz</u> bitten? – Worum darf ich Sie bitten?
Sie denkt <u>an ihre Freunde</u>. – Woran/An wen denkt sie?
Wir wenden uns <u>an die Direktion</u>. – Woran/An wen wenden wir uns?
Er achtet nicht <u>auf das Auto</u>. – Worauf achtet er nicht?

Seite 70

1 und 2
1. Der Zweite Weltkrieg endete <u>im Jahr 1945</u>.
2. Die meisten Kängurus gibt es <u>in Australien</u>.
3. Das Auto wurde <u>im 19. Jahrhundert</u> erfunden.
4. Kanäle statt Straßen gibt es <u>in Venedig</u>.
5. Den Eiffelturm kann man <u>in Paris</u> bewundern.

3 und 4
<u>In der Ferne</u> sieht man Auingen. – Wo sieht man Auingen?
<u>Am frühen Morgen</u> erscheint der romantische Ort besonders schön. – Wann erscheint der romantische Ort besonders schön?
<u>Bereits im Mittelalter</u> wurde <u>in Auingen</u> die erste Herberge gebaut. – Wann wurde in Auingen die erste Herberge gebaut? / Wo wurde im Mittelalter die erste Herberge gebaut?
<u>An dieser Stelle</u> überquerte ein Handelsweg die Au. – Wo überquerte ein Handelsweg die Au?
<u>Heutzutage</u> gibt es <u>im Ort</u> mehrere Hotels und Gasthöfe. – Wann gibt es im Ort mehrere Hotels und Gasthöfe? / Wo gibt es heutzutage mehrere Hotels und Gasthöfe?
<u>Zu jeder Jahreszeit</u> kann man dort erholsame Tage verbringen. – Wann kann man dort erholsame Tage verbringen?
<u>Weit und breit</u> gibt es keine Industrieanlagen. – Wo gibt es keine Industrieanlagen?
Auf eurer Fahrt zu uns solltet ihr <u>in Auingen</u> Rast machen. – Wo solltet ihr auf eurer Fahrt zu uns Rast machen?

Seite 71

5 Wir wählten <u>sofort</u> *(Adverbial der Zeit)* die besten Spieler aus. – <u>Mit geübtem Blick</u> *(Adverbial der Art und Weise)* musterte uns die Trainerin. – <u>Wegen der vielen Staus</u> *(Adverbial des Grundes)* waren wir <u>oft</u> *(Adverbial der Zeit)* <u>zu spät</u> *(Adverbial der Zeit)* gekommen. – Wir standen <u>regungslos</u> *(Adverbial der Art und Weise)* <u>auf dem Platz</u> *(Adverbial des Ortes)*. – Michi konnte nicht mehr <u>schnell</u> *(Adverbial der Art und Weise)* laufen. – Er ließ sich <u>saft- und kraftlos</u> *(Adverbial der Art und Weise)* zurückfallen. – <u>Aus Trotz</u> *(Adverbial des Grundes)* ließ er den Ball fallen. – <u>Bewegungslos</u> *(Adverbial der Art und Weise)* blieb er <u>am Boden</u> *(Adverbial des Ortes)* liegen.

6 z. B.
<u>Nachdenklich</u> schlenderte sie die Seepromenade entlang. – Wie?
Wir haben <u>auf der Straße</u> gekämpft. – Wo?
Arbeitet Claudia <u>am Wochenende</u>? – Wann?
Dieser Schriftsteller schreibt <u>fantasievoll</u>. – Wie?
Mein Vater spricht <u>sehr laut</u>. – Wie?
Wir schlichen <u>wegen des Fernsehers</u> ins Nachbarzimmer. – Warum?

7 <u>Letztes Wochenende</u> spielten wir <u>hinter der Schule</u> Fußball.
Adverbial der Zeit, Adverbial des Ortes
<u>Gestern</u> bekam er <u>wegen seiner Fresslust</u> Magenkrämpfe.
Adverbial der Zeit, Adverbial des Grundes
Der gefährliche Hund kam <u>zähnefletschend</u> angerannt.
Adverbial der Art und Weise
<u>Ganz begeistert</u> verfolgten wir das Autorennen mit dem Fernglas.
Adverbial der Art und Weise
<u>Bei den Olympischen Spielen 96</u> gewann sie <u>überlegen</u> zwei Goldmedaillen.
Adverbial der Zeit, Adverbial der Art und Weise

Seite 72

1 und 2
(einfach unterstrichen = Genitivattribute, doppelt unterstrichen = Adjektivattribute)
Das Hobby <u>unseres Apothekers</u> ist das Skilaufen. Er ruht und rastet nicht, bis er für jeden Donnerstag <u>der Wintermonate</u> eine <u>zuverlässige</u> Vertretung für sein Geschäft gefunden hat. An seinem <u>freien</u> Tag fährt er in der Frühe los, um als Erster am Lift zu sein. Er brennt darauf, die Möglichkeiten <u>des Tagespasses</u> ganz auszuschöpfen. Stundenlang jagt er die <u>steilen</u> Pisten hinunter. Und er ist wirklich ein <u>toller</u> Skiläufer. In <u>kurzen</u> Schwüngen wedelt er voll Eleganz ins Tal. Mittags macht er nur eine Pause, wenn er den Verlockungen <u>der Berghütte</u> vor Hunger nicht widerstehen kann. Am <u>späten</u> Nachmittag beendet er mit einer <u>letzten</u> <u>flotten</u> Fahrt den <u>schönen</u> Sporttag. Glücklich setzt er sich ans Steuer seines Autos, um das Abendessen mit der Familie nicht zu versäumen. Dort erzählt er dann von der Schönheit <u>der Berge</u> im Schnee.

3 und 4
In der <u>Nacht</u> **des 28. März 1848** schreckten die Anwohner der Niagarafälle aus ihrem **sanften** <u>Schlaf</u>. Das <u>Getöse</u> **der riesigen Wassermassen** hatte aufgehört. Das **gesamte** <u>Bett</u> **des Flusses** lag trocken. Was war passiert? Im **oberen** <u>Flusslauf</u> war die Eisdecke aufgesprungen. **Gewaltige** <u>Eisschollen</u> hatten sich gelöst und den <u>Zufluss</u> **der Fälle** verstopft, sodass ein <u>Abfließen</u> **des Wassers** aus dem **riesigen** <u>Erie-See</u> nicht möglich war.

Seite 73

1 *(doppelt unterstrichen = geschlängelt)*
<u>Zuschauer</u> <u>mit aufgeregten Mienen</u> verfolgen das Match.
Dieses <u>Haus</u> <u>mit Garten</u> sieht ganz romantisch aus.
Der <u>Termin</u> <u>vor drei Wochen</u> ist leider geplatzt.
Sie bestellte <u>Spiegelei</u> <u>mit Spinat</u>.
Wer kauft schon gerne die <u>Katze</u> <u>im Sack</u>?
Die Schüler mussten die drei <u>Könige</u> <u>aus dem Morgenland</u> malen.

Der Roman „Der <u>Schatz</u> <u>im Silbersee</u>" wurde verfilmt.

2 Bitte helfen Sie den Menschen, **die in Not sind.**
Das Ruderboot, **das am Steg liegt,** hat ein Leck.
Wir geben dem Mann, **der am Klavier sitzt,** ein Glas Sprudel.
Unsere Nachbarn, **die um die Ecke wohnen,** wollen wegziehen.
Ich möchte das Kleid, **das im Schaufenster hängt,** anprobieren.

Seite 74

1 und 2
z. B.
Ein Vokal ist ein Laut, <u>der</u> selbst klingt.
Ein Mensch ist ein Lebewesen, <u>das</u> auf zwei Beinen geht.
Ein Sessel ist ein Sitzmöbel, <u>das</u> mit einem Polster bezogen ist.
Ein Hocker ist ein Sitzmöbel, <u>das</u> keine Rückenlehne hat.
Ein Baum ist eine Pflanze, <u>die</u> Schatten spendet.
Ein Lastwagen ist ein Fortbewegungsmittel, <u>das</u> schwere Güter transportieren kann.
Ein Fernseher ist ein Gerät, auf <u>dem</u> man bewegte Bilder betrachten kann.
Ein Wort ist ein Element der Sprache, <u>das</u> eine bestimmte Bedeutung hat.

3 Ein voller Bauch studiert nicht gern.
Hunde, die bellen, beißen nicht.
Eine kluge Rede ehrt den Mann.
Die süßesten Früchte fressen nur die größten Tiere.
Die Bauern, die am dümmsten sind, ernten die Kartoffeln, die am dicksten sind.

Seite 75

1 und 2
(doppelt unterstrichen = unterschlängelt)
Welcher Hut? Der <u>Hut</u> <u>rechts</u>.
Welcher Blinker? Der <u>Blinker</u> <u>links</u>.
Welches Training? Das <u>Training</u> <u>heute</u>.
Welcher Raum? Der <u>Raum</u> <u>unten</u>.
Welcher Nachbar? Der <u>Nachbar</u> <u>nebenan</u>.
Welcher Sommer? Der <u>Sommer</u> <u>hier</u>.
Welche Blumen? Die <u>Blumen</u> <u>ringsum</u>.

3 Vor den Toren <u>einer Fabrik</u> *(Genitivattribut)* kann man morgens <u>viele</u> *(Adjektivattribut)* Menschen beobachten. Schon die Gesichter <u>der Menschen</u> *(Genitivattribut)* sind sehr verschieden. Es gibt <u>gleichgültige oder mürrische</u> *(Adjektivattribut)* Gesichter, aber auch <u>viele</u> *(Adjektivattribut)* Menschen <u>mit hoffnungsvollem Blick</u> *(Präpositionalattribut)*. Es gibt auch <u>viele</u> *(Adjektivattribut)* Unterschiede <u>in der Kleidung</u> *(Präpositionalattribut)* <u>der Mitarbeiter</u> *(Genitivattribut)*. Im Hintergrund entdeckt man eine Gruppe <u>von Frauen</u> *(Genitivattribut)*, <u>die farbig angezogen sind</u> *(Relativsatz)*. <u>Drei</u> *(Adjektivattribut)* Männer <u>ganz vorn</u> *(Adverbialattribut)* haben schon ihre <u>blauen</u> *(Adjekivattribut)* Arbeitsanzüge an. <u>Nicht alle</u> *(Adjektivattribut)* Leute haben Taschen <u>mit Verpflegung</u> *(Präpositionalattribut)* dabei. Vielleicht essen sie in der Kantine <u>der Firma</u> *(Genitivattribut)*.

Seite 76

1 „Ist jene <u>dicke</u> Person..." „Welche Person?" „...jene <u>dicke</u> Person <u>im weißen Mantel, die eben das Fenster schließt</u>, eine Frau?" [...] „Dann ist diese <u>dicke</u> Person <u>im weißen Mantel, die eben das Fenster schließt</u>, ein Mann?" [...] „Also ist die <u>dünne</u> Person <u>im weißen Mantel, die eben das Fenster schließt</u>, ein Mann?" [...] „Ach so, die <u>dünne</u> Person <u>im schwarzen Mantel, die eben das Fenster schließt</u>, ist ein Mann?" „Nein, im Gegenteil: Die <u>dünne</u> Person <u>im schwarzen Mantel, die eben das Fenster öffnet</u>, ist ein Mann."

2 und 3

Adjektivattribut:
Ein aufklappbarer Christbaum / Ein Christbaum, den man aufklappen kann
Ein elektrischer Füller / Ein Füller, der elektrisch betrieben wird
Ein automatischer Schuhlöffel / Ein Schuhlöffel, der automatisch funktioniert

Präpositionalattribut:
Dreirad mit Allradantrieb/ Ein Dreirad, das einen Allradantrieb hat
Schulbank mit Schleudersitz / Eine Schulbank, die über einen Schleudersitz verfügt
Schulfrühstück in Tablettenform / Schulfrühstück, das in Tablettenform eingenommen wird

Genitivattribut:
Der Schulstuhl der Zukunft / Der Schulstuhl, der in der Zukunft benutzt wird
Die Pille des ewigen Lebens / Die Pille, die das ewige Leben verspricht

Relativsatz/Attributsatz:
Eine Brille, die Scheibenwischer hat
Ein Saft, der unsichtbar macht
Kreide, die nach einer Stunde unsichtbar wird
Ein Kalender, der nur Sonntage enthält

Seite 77

1 Erik holt die Freunde ab und sie gehen zusammen zur Schule.
Laura geht gern ins Kino, aber sie hat kein Geld.
Trinkst du gern Kakao oder magst du lieber Milch?
Carsten sucht sich ein gutes Versteck, denn er will nicht erwischt werden.
Tina zögert nicht lange, sondern macht sich schnell auf den Heimweg.
Gehst du heute zur Schule oder habt ihr schon Ferien?
Daniela will einen Blumenstrauß kaufen, denn ihre Mutter hat Geburtstag.

2 Jens ist krank, sein Kopf schmerzt, aber er möchte trotzdem zum Pokalspiel.
Ist Trixi wieder gesund oder liegt sie noch im Bett?
Ich habe nicht gelogen, sondern nur nicht die ganze Wahrheit gesagt.
Zuerst beschwerten sie sich, dann verließen sie das Lokal.
Anja ist mutig oder sie zeigt ihre wahren Gefühle nicht.
Hans isst Kirschen, Anna beißt in einen Apfel, aber Tina trinkt ihre Limonade.
Hänsel und Gretel verliefen sich und wurden von einer alten Hexe eingefangen.

Seite 78

1 Der Anzug, <u>den du gestern gekauft hast</u>, war sehr teuer. Das Mädchen, <u>dessen Eltern zurzeit in Amerika sind</u>, wohnt bei seinen Großeltern. Der Lehrer verwarnte die Schüler, <u>die zu spät gekommen waren</u>. Die Schüler, <u>deren Eltern auf den Schulball</u>

kommen, sollen sich in eine Liste eintragen. Kennst du ein Land, <u>das von seinen Bürgern keine Steuern verlangt</u>? Das Schlimmste, <u>was er sah</u>, waren tote Robben am Strand. Der Tadel des Schwimmlehrers war das, <u>was ihn am meisten ärgerte</u>. Ich war diejenige, <u>die sich ärgern musste</u>. Er ist, <u>was man einen Schwätzer nennt</u>. <u>Was ich nicht weiß</u>, macht mich nicht heiß.

2 Ich möchte das Buch haben, das auf dem Tisch liegt.
Ich streichle gern den kleinen Hund, der seit gestern meiner Oma gehört.
Kennst du meine Freundin, die bei uns im Haus wohnt?
Dieses Jahr habe ich im Urlaub Fotos gemacht, die alle unterbelichtet sind.
Der Tisch, auf den meine Schwester einen Kuchen gestellt hat, wackelt.
Das Geschäft, in dem Susannes Mutter seit vielen Jahren arbeitet, wurde umgebaut.
Unser Nachbar, dessen Haus wir noch nicht von innen kennen, hat uns eingeladen.
Der wichtige Brief, auf den ich schon lange gewartet habe, kam heute an.

Seite 79

3 und 4
Ich mag keine dicken Bücher, weil ich sie nicht <u>halten kann</u>.
Wir gehen ganz gerne zur Schule, weil wir da manches <u>lernen</u>.
Der Schiedrichter hat gepfiffen, weil das Spiel aus <u>ist</u>.
Wir kommen, wenn es nicht <u>regnet</u>.
Ich esse nicht, obwohl ich Hunger <u>habe</u>.
Du isst nichts, obwohl du Hunger <u>hast</u>?

5 Strafen sollte ein Lehrer nicht, weil Strafen nichts bringen.
Die Umwelt sollten wir schonen, weil wir die Natur brauchen.

Seite 80

7 z. B.
Es stimmt nicht, dass ich gut bin und du schlecht bist.
Ich glaube nicht, dass Fußball klasse und Handball Mist ist.
Es ist doch sehr zu bezweifeln, dass Lernen nützlich und Spielen schädlich ist.
Ich weiß nicht so recht, ob der Kluge allein bleibt und der Dumme zu zwein lebt.
Es stimmt nicht, dass ruhig Blut jedem gut tut und feurig Blut keinem gut tut.
Es stimmt nicht, dass ich ein König und kein Bettler sein möchte.
Es ist ein grobes Vorurteil, dass Autofahrer gefährlich und Fußgänger ungefährlich leben.
Ich glaube nicht, dass Ehefrauen Hausdrachen und Ehemänner Pantoffelhelden sind.
Ich frage mich, ob Sessel bequem und Stühle unbequem sind.
Es ist ein grobes Vorurteil, dass Afrikaner faul und Japaner fleißig sind.
usw.